困境談判攻心術

極限談判專家教你訣竅
再頭痛的僵局也會有令雙方滿意的協議

馬提亞斯·史漢納
Matthias Schranner
—著—
王榮輝
—譯—

獻給世上最棒的談判者：

我的兒子馬可（Marco）

致謝

一個人如果遇到了難題，就該自問，自己能從這個難題中學到什麼？每一場困難的談判都代表了一個難題；我也總會自問能從中學到什麼？

就這樣，我從最困難的一些談判中學會了大部分的本領；儘管當時自己並未意識到這件事情。

因此，我要感謝所有談判夥伴，所有的挾持者、銀行搶匪和毒販。他們讓我領略談判的極限困境。

在警方這邊，我從 Walter Renner、Ernst Wanninger 與 Willi Hartl 等人身上學到了不少東西。他們主要教會我：要冷靜、避免本能反應。

我曾把這本書的內容應用在許多訓練課程中。藉助學員的回饋，我得以一再檢驗各種祕訣的實戰有效性。在此我要感謝所有學員，感謝他們坦白且詳細的回饋。

我衷心感謝Birgit Krapf與Matthias Weiner在本書的寫作上提供的協助。他們專業地從第一行文字到全書付梓，陪我一路走完成書的旅途。

我特別珍視妻子和朋友以讀者視角所給予的友好回饋。對於妻子Gabriele，朋友Silke Franceschin、Martin Fenk、Christine Platzer、Manfred Geissler及Manfred Bühler，我要感謝他們不辭辛勞地與我徹夜長談，給了我許多極有幫助的建議。

我人生中絕大部分的談判，最終都能促成一個令人滿意的協議。然而，從五年前起，我卻每天都在談判中落敗。儘管我不必讓步，還是讓步。儘管我擁有贏的權力，還是選擇輸。如此的慘敗卻讓我樂在其中。矛盾嗎？不。這只是一種評價，我的評價，誠如我現在主觀所認爲的那樣。因此，我要對最偉大的導師與世上最棒的談判者致上最高的謝意。

你應該已經知道他是誰，就是我的寶貝兒子——馬可。

前言

困境談判的七大法則

身爲警務人員、緝毒員與內政部所屬進修機構的談判教練，我曾面對過無數的困境談判。我曾與挾持者、銀行搶匪、毒販談判過。我的談判對象和我一樣都處於高度的緊張狀態，其中涉及到許多風險，有自由的風險、健康的風險，更有生命的風險，我們都處在困境談判之中。

在我完成學業後，開始把自己從困境談判中獲取的種種經驗，化爲提供給管理階層的訓練課程。在本書裡，我首次分享了個人的種種談判經歷，並且提供了能夠幫助你克服困境談判的一些實用祕訣。

談判原則大致上是相同的，無論你的談判對象是挾持者、你的伴侶或是難搞的客戶。你總得嘗試摸索出最大的可能。在這當中，一方所想要的不一定合乎另一方所想要的，這一點幾乎是理所當然的。人與人、群體與群體、國家與國家之間的衝突於焉產生。衝突本身並不是什麼問題，許多衝突都可以藉由談判來化解。然而，萬一其中一方無論如何都要獲勝、無論如何都要迫使另一方淪爲輸家，無法產生令人滿意的協議，就會產生困境。這時就會引發「戰爭」，像是婚姻戰爭、價格戰爭，甚至是動刀動槍的流血戰爭。

真正的目的，在於達成一個令人滿意的協議。

在日常生活中，你會和伴侶針對購物、生活費用、小孩的教育問題，或是誰該倒垃圾、誰該洗車進行談判。你也會和子女談判，他們何時應該整理房間、何時應該做功課、何時應該就寢。有時，當你想要提早下班回家、負責某項企畫或是加薪，也需要跟老闆談判。

絕大多數的談判你都會視它們爲尋常。你知道如何妥善地克服這些情況。藉由多次的嘗試，你在腦袋裡建立了一套可以運用在許多對話情況的方針，這套方針幾乎總能幫你取得成功。然而，這套方針卻不一定適用於所有的談判。你將大多數的談判列爲「普通」，將某些談判列爲「困難」。談判之所以變得困難，是因爲你沒有能力判斷談判的對手或情況。或許你會因爲缺乏資訊或談判技巧而變得不安。你也有可能會因爲不確定的結果或對手的權力而感到恐懼。

如果你的談判需要某種支持，你可以求助於許多談判策略。如果你的談判對手願意配合，或是當談判對手被某項令人滿意的協議可能帶來的好處所說服，從而有建設性地積極合作，這些策略多半都能助你一臂之力。

然而，如果你的談判對手不再配合，如果對方認爲，就算沒有你，他也能贏得他想要的，這時你就需要一個成功的策略。「困境談判」是艱困談判的指南，所有策略與戰術都是我在談判實務中曾經成功應用過的，像是與挾持者的談判，或是與管理階層的談判。

在本書中，我將教導你「困境談判的七大法則」：

1. 在談判前與談判中該如何分析談判對手
2. 該如何擬定正確的策略與戰術
3. 該如何憑藉正確的論述說服對方

4. 該如何在談判中取得主導權
5. 該如何展現權力
6. 該如何破除談判對手的抗拒
7. 該如何確保協議獲得遵守

藉助這本指南，你將了解當談判對手願意配合時，你能如何達成一個令人滿意的協議；另一方面，萬一談判對手不肯這麼做，你又該如何因應。

在本書的附錄中，我爲你準備了一份工作手冊，它可以陪伴你一步步地學習完成一場談判。

關於本書用語的說明

我們該如何稱呼談判的對象呢？對手、敵手、敵人……？在本書中，我打算選擇使用「**談判夥伴**」這個名稱，理由就在於語言創造意識。每個與你談判的人，都是你在邁向滿意協議路途上的一位夥伴。即使對方不公正，仍是你的夥伴；如果沒有對方，你不可能達成一個持久且令人滿意的協議。所有嚴厲的措辭，像是敵人、敵手，都隱含了謀求勝利或毀滅性打擊的意圖。然而，談判的目的卻不在勝利，因爲所有的勝利都會造就輸家。在一場談判裡取勝，往往會製造出下一場困難的談判。

在每一章的最後，我都會把談判祕訣做個重點摘要，還會額外透露一些你在別的指南裡看不到的、非比尋常的祕訣——**困境談判的祕訣**。

目錄

法則2 有助於追求目標的清楚策略 85

法則3 藉助正確的論述說服對方 131

法則6 破除所有抗拒

法則7 設法維持協議

法則1

分析你的談判夥伴

在所有困難的談判中，人們不該期待播種之後馬上就能收成，人們必須先為事情做好準備，讓事情逐漸成熟。

——法蘭西斯・培根（Sir Francis Bacon）

爲了能夠妥善爲談判做好準備，你需要了解一些事情。你需要了解談判夥伴，需要了解他所屬的企業、同事或員工、社會背景等。如果你面臨的是一場困難的談判，就需要比談判夥伴了解更多事情。在談判前與談判中，你都可以藉由徹底的分析，獲得你所需要的認識。

在談判前分析談判夥伴

- 你的談判夥伴有什麼立場和動機？
- 你的談判夥伴期待什麼談判內容？
- 設法獲取重要的資訊。
- 觀察你的談判夥伴，藉以獲取資訊。

在談判中分析談判夥伴

- 進行分析的傾聽。
- 分析談判夥伴的語言。
- 分析談判夥伴的肢體語言。

在談判前分析談判夥伴

藉助妥善的準備，就可以確定你要如何安排事情的優先順序，又要如何推進一場談判。某些談判者會認爲，當他們知道自己想要達成什麼、又願意放棄什麼，就已經爲談判做好了準備。然而，這種針對立場所做的準備，其實會導致談判淪爲一場立場之爭。

你的談判夥伴有什麼立場與動機？

立場就是對外表達自己訴求的立足點。

「**立場**」就是談判夥伴對外提出要求或主張的立足點。挾持者會站在某種索求的立場，他們想要金錢和用來帶人質脫逃的交通工具。如果他們不能獲得金錢和交通工具，就會殺害人質。這就是他們的立場。

負責談判的警官有相反的立場。維護法治和秩序是他的使命。挾持人質是一種犯罪行爲，身爲警務人員必須將歹徒繩之以法。此外，警務人員還要設法保護人質的安全。這就是他們的立場。

如果我們只是觀察雙方的立場，將不會有任何一致性可言。挾持人質的歹徒想要捲款潛逃，警務人員則不能讓歹徒逍遙法外。

請你分析隱藏在立場背後的動機。

所幸，在立場背後還存在著「**動機**」。

了解對方的動機十分重要。你的任務就是分析談判夥伴所具有的動機。

動機就是：你的談判夥伴（無論立場爲何）所需要的或擔心的事物。

在《哈佛這樣教談判力》（*Getting to Yes: Negotiating Agreement without Giving in*）[*1]一書中，有個很好的例子。

兩個小孩在爭奪一顆橘子。其中一個需要橘子皮做蛋糕；另一個則需要果肉榨果汁。兩個孩子都堅持自己的立場：「我要這顆橘子！」最後達成協議，決定一人一半。然而，如果其中一個小孩取走全部的果皮，另一個小孩取走全部的果肉，其實更能滿足彼此分別具有的潛在動機。

因此，當你在爲談判做準備時，不要執著於立場；無論是談判夥伴的立場或你自己的立場。

當你的腦袋裡有立場，就會去思索「要求」而非「動機」。「要求」多半含有限制。一旦你的談判夥伴聽到了含有某種限制的要求，會更強調自己的立場，更堅持由他所提出的某些限制。他不想落敗。在這種情況下，你將會陷入某種「陣地戰」；雙方都挖起了自己的壕溝，只是探出頭來張望，不再短兵相接。雙方都藉由堅持自己的立場正確無誤，逼迫自己保持強硬的態度。

這樣的權力鬥爭，會讓談判夥伴之間的關係陷於壓力狀態。價格談判往往會在這樣的軌道上進行。買方要求某項限制，賣方搭上這班列車，提出他所要求的另一項限制。到了某個時刻，他們可能會在價格上取得一致的意見；也許是在兩者最初所表達立場的中間。

你的談判夥伴希望針對他的立場（即他的要求和主張的立足點）
進行溝通。

請你不要聚焦於對方的立場，而要專注於對方的動機。

整理出你的動機。

如果你不確定所涉及到的究竟是立場或動機，可以檢驗一下是否存在多種令人滿意的可能性。如果可能性只有一種，就是立場。舉例來說，如果有位顧客要你打八折，不行的話就一切免談，這就是「立場」。反之，如果他表示，希望能以一個不錯的性價比買到某項商品，這就是「動機」。在這種情況下，你可以降低商品的價格，也可以提升商品的內容。

當你識別出一個動機，工作才要真正展開，接下來要做的是分析還在檯面下的其他動機。

●範例

有個挾持者挾持了一名女性，還把這名女性的住所當成藏身處。他通知警方，要求一百萬馬克的贖金，還要一輛豪華且加滿油的逃亡交通工具。

假設，你要站在警方這邊負責與挾持者進行談判的工作，會怎麼做呢？

當然，那名女性的住所已被警方團團包圍，她的鄰居已被疏散，附近的屋頂上也安排了一些狙擊手，以備不時之需。

你會採取什麼樣的對話策略來解決這場挾持人質事件？你會努力爭取解決問題的時間，也會設法與對方建立某種人情關係。這些作法都對，可是你會問挾持者什麼問題？你會做些什麼調查？你會與對方討論贖金，嘗試壓低贖金的金額嗎？你會與對方談判逃亡的交通工具嗎？是要BMW？還是賓士？

關鍵的問題是：為何他要挾持人質？他真的只是要錢和一輛好車嗎？他的立場背後隱藏了什麼樣的動機？

● 真實案例

在某起挾持人質的事件裡，挾持者要求了金錢與逃亡用的交通工具。某個專家團隊負責那場談判。在對話過程中，他們發現挾持者的女友不久前才與他分手。對方在分手時告訴他，他不是個「男子漢」。在這樣的情況下，他覺得一定要向前女友證明自己確實是個「男子漢」。在他看來，男子漢是既強壯又能控制一切的男性。於是，他決定藉由挾持人質來證明。那名挾持者想要獲得前女友的肯定，想要贏回她的關注與青睞。這就是他的立場背後的動機。

如果只是專注於贖金和交通工具的談判上，會如何呢？那就會搞錯重點。挾持者表達了他想要的東西（即立場），卻沒有說自己為何想要這些。或許他根本無法表明。他表面上要求金錢與逃亡交通工具，實際上所需要的卻是關注與青睞。在談判團隊的安排下，他與前女友通電話，在電話裡獲得了他想要的肯定。也就是說，談判團隊辨識出他的動機，進而針對這個動機做出反應。

每場談判都始於某種動機。每位參與者都有想在談判中獲得滿足的動機。如果人們正確地看出並顧及對方的動機，純粹的談判鬥爭將會轉變成有利於彼此的交易。談判會從一個主題（例如贖金）擴張成多個主題（動機）。爲了讓這樣的交易行得通，雙方必須還有其他尚未實現的願望。這些願望可能是原本的願望，也可能是在這個情境下被喚醒的願望。

憑藉在談判前與談判中的良好準備、仔細觀察和有技巧的提問，你可以查明

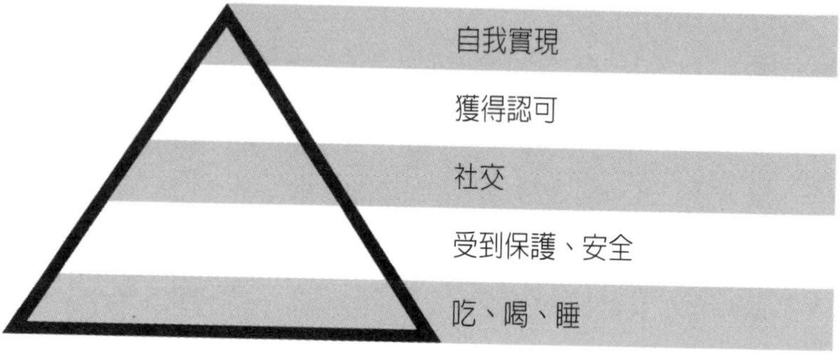

馬斯洛的需求層次

種種的需求和動機。

我們很難一眼就看出挾持者的動機。就連在其他談判中，最重要的動機往往也沒有與談判顯著連結，它們經常都得在正確地抽絲剝繭下才會顯露。

每個人都有動機，根據亞伯拉罕・馬斯洛（Abraham Harold Maslow，人本主義心理學的代表人物之一）的「需求層次理論」（hierarchy of needs；一九五四年提出[*2]），每個人都有基本需求以及建立在此之上的動機。

當較低層次的需求在某種程度上獲得滿足後，人才會邁向更上一個層次。另一方面，已經實現的願望就會失去它們對於某人行爲的影響力。因此，根據馬斯洛的需求層次理論，關鍵在於一個人目前正處在這個需求金字塔的哪個層次。

基本需求，如：吃、喝、睡（至於「性」是否屬於基本需求，專家之間仍有爭議），在大多數的談判夥伴身上都已經能夠獲得滿足。

根據馬斯洛的說法，第二個層次是對於**安全**與**受到保護**的需求。這關係到降低人們對於不確定的未來所感到的恐懼。當然，這並非代表每個人都在追求一種毫無風險的人生。每個人對於自己願意承擔多大的風險，有不盡相同的想法。一旦這樣的個人風險界限遭到逾越，安全就會成爲一種重要的動機。把這樣的概念套入日常生活裡，在這個層次上所關乎的就是：一份穩定的工作和收入。

一旦對於安全與受到保護的需求，在目前與可預見的未來獲得實現，就會上升到馬斯洛需求層次理論第三層次的動機：**社交層面**。每個人都想與他人**接觸**，想體驗友誼與愛，想爲他人所接受。隸屬於某個團體的歸屬感，是所有人（無論是有意識或無意識的）都會遵循的一項重要動機。就連所謂的獨行俠，也會希望自己屬於某個群體；多半是希望屬於由其他獨行俠組成的某個非常小的群體。

下一個與社會結合的層次，即是需求金字塔的第四個層次，是追求某種獲得尊敬的角色。一個**獲得認可**的人往往必須以自己的成就與能力獲得認可爲前提。尊榮、地位、名聲，這個層次上的目標有許多名稱，然而，它們都有一個共同點，那就是：在受到他人的敬重下提高自尊。[3]當我們有所成就並因此獲得拔擢，當我們能夠負擔一輛新車或一棟大房子時，我們會感到暢快。因此，更高的收入在這時幾乎不只是單純實現第一層次與第二層次的需求，而是在滿足第三層次與第四層次的動機。

到了需求金字塔的頂端，我們的動機不再是關乎社會，而是關乎個人。這時的標竿已不再是群體，而是個人的潛能。在這個動機層次上，人們要追求的是**自我實現**。人們會想要達成自己能力所及的一切。這個層次的動機會因人而異；從擁有一艘遊艇，一直到在西藏的某個寺院裡過著僧侶生活，不一而足。不過，它們同樣也有一個共同點，那就是：它們與個別當事人的人生目標相符，因此會被當事人格外看重。

● 範例

在南斯拉夫內戰期間，曾經有個關於塞拉耶佛（Sarajevo）的居民獲得物資供給的報導。在紅十字會設置的一個食物供給站前，人們為了獲得一碗熱湯而大排長龍。那個食物供給站就設在塞拉耶佛的「狙擊手大道」旁。人們若要通過這條街，就得冒著生命危險。當時埋伏在附近的狙擊手會射殺所有試圖跨越那條街道的人。然而，為了索取一碗熱湯，民眾還是甘冒生命危險。當時，那個採訪小組想要訪問人龍中一位滿臉鬍子的老先生。

當他們把麥克風與鏡頭對準那位先生時，那位先生卻把頭轉開並說道：「請你們不要訪問我，這會讓我感到很丟臉。在戰爭爆發前，我是個受人敬重的大學教授，如今我卻得為了一碗熱湯站在這裡排隊。」

在戰爭開始前，那位先生已經到達了馬斯洛的需求金字塔的頂端。作為基本需求的吃、喝、安全、受到保護，都已獲得滿足。社交、獲得認可與自我實現也得到確保。然而，這個時候，在食物供給站前，自我實現、獲得認可、社交這些需求，對他來說卻毫無意義。甚至於為了滿足吃與喝這些基本需求，他連安全與受到保護都放棄了。

這個需求層次金字塔，在探詢談判夥伴的動機上，可以提供重要的提示。

在前述挾持人質的例子中，那名挾持者無論如何都想滿足自己對於獲得認可的需求。他要求贖金，但這只是表面上的立場。

因此，分析談判夥伴的眞正動機，這一點極其重要。

舉例來說，你的某位員工提出加薪的要求。他表示想要加薪一〇%。這時，分析這位員工所具有的動機，就是你的課題。

請你站在員工所處的位置上設想。他需要更多的錢，是因爲他搬了新家嗎？他是不是某波升職名單的「遺珠之憾」？他是否被賦予太少的責任？可想而知，針對不同的動機，都該有某種不同的回應。

如果你的員工缺乏養家糊口的錢，爲他加薪或許是正確的回應。

然而，如果他需要更多的錢，是爲了幫孩子投保，那麼公司內部提供的某些保險或許就能滿足他的動機。

如果這位員工老是覺得自己被同事排擠，那麼，幫助他融入某個重要的工作團隊，或是邀請他共進工作午餐，或許才是正確的作法。

如果你的分析所得出的結果是，他要求加薪，是因爲把加薪視爲對其工作績效的肯定。這時，某些「可見的」認可象徵，像是更大的辦公室或公務車，或許會更適合。也許，這位員工把加薪看成是對他個人的信任。在這種情況下，你不

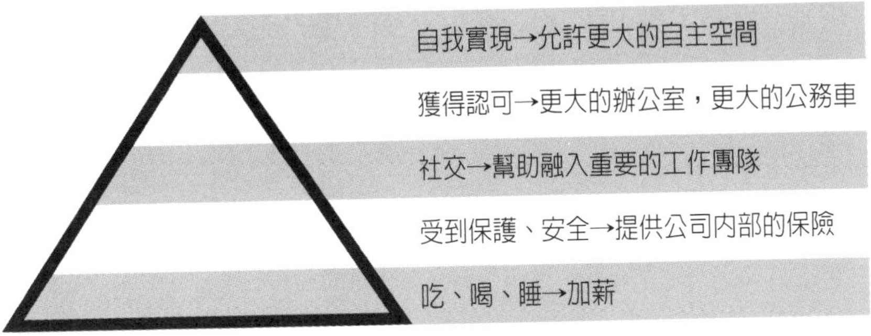

同樣的要求可能引發五種不同的回應

妨藉由委以他更多責任、賦予他更多在企業中自我實現的機會，來表現你對他的信任。在上面的附圖中，你可以見到對於同一項要求的五種截然不同的反應：

某位員工要求加薪一〇%。你的回應可能反映在馬斯洛的需求金字塔的各個不同層次上：

自我實現→允許更大的自主空間
獲得認可→更大的辦公室，更大的公務車
社交→幫助融入重要的工作團隊
受到保護與安全→提供公司內部的保險
基本需求→加薪

同樣的出發點可以走向五種截然不同的回應。比起在層次一的加薪，在層次二到五的回應，不僅更有效，對你的企業多半也會更有益。

你的談判夥伴期待什麼談判內容？

周延的準備十分重要。

請你提早整理一份想在談判中提及的內容清單。為了讓協議能夠付諸實現，哪些問題必須獲得答覆？這些問題必須反映你的**動機**與談判夥伴的動機，而非**立場**。請你根據這些問題的集合，排列成一份優先順序清單。什麼事情必須、應該或可以被提出來談判？

有時，在親自會面之前，先將談判內容知會談判夥伴，會很有助益。只不過，請你務必留心，切勿在這當中提及立場或目標。如果你透露了自己的目標，談判夥伴就會有許多時間分析這些目標，進而針對它們做好防備。因此，請你單就情況或問題做客觀的描述；別描述你對情況或問題所採取的立場。你可以讓談判夥伴知道所要談判的內容，但無論如何絕不能將某種資訊優勢拱手讓給對方。

設法獲取重要的資訊

由於你不會也不能完全相信談判夥伴，因此應該設法透過其他管道獲取所有必要的資訊。然而，爲了獲取資訊，具體來說你能做些什麼呢？

專業的談判者會努力地爲一場談判預做準備。知識就是力量。對於談判夥伴的了解，也是重視對方的某種象徵。唯有那些對某些人、事、物眞正感興趣的人，才會耗費時間與精力針對這些對象仔細做準備。在談判之前，我們有一些獲取資訊的好方法：

●網路

網路是個內容豐富、成本低廉且迅速的資訊來源。談判夥伴或其所屬企業的網頁會提供大量的資訊。諸如「夥伴」、「我們的團隊」或「關於我們」之類的連結，可讓我們了解某個企業的經營哲學，也可以了解什麼才是該企業眞正看重的事情。舉例來說，如果上面提到了「相當高的顧客滿意度」或「廣受顧客推薦」，就已經爲談判提供了一個方便運用的論點。

你不妨使用不同的搜尋引擎輸入談判夥伴的名字進行搜尋，所得到的連結會指引我們找出包括出版品、客戶往來與新聞報導在內的相關資料。你可以從中探索當前的問題，進而做出相應的目標設定。根據出版品與新聞報導，你能看出對方在對外溝通時的定位。此外，你還能獲得在人事管理上最新的各種變動資訊。或許，對方在人事上發生了一項會對你的談判造成重要影響的改變。協會或商會的會員資格、在專業期刊或報章雜誌上發表的文章，或許就連你的談判夥伴平時喜歡從事的休閒活動等，對於即將到來的談判而言，都可能是極具價值的資訊。所有這一切都是合法的。對你來說，重要的是盡可能獲得更多關於談判夥伴或其所屬企業的資訊。

允許該企業定期寄發業務通訊給你，也很有幫助。你多半可以在「聯絡我們」的選項下申請這類定期寄發的資訊電子郵件。在業務通訊中，你將獲得該企業裡發生的某些變動的最新資訊。透過這樣的方式，你能完全免費且迅速地獲取最新資訊。

● 詢問員工

你是否認識新的談判夥伴的同事或員工？如果認識的話，你不妨打個電話給對方，探聽一下你所需要的資訊。根據我的經驗，如果表現出眞誠、坦率的態度，對方往往都會願意提供你所需要的資訊。畢竟，這與什麼特務的黑資料完全無涉，所關乎的就只是你爲進行一場專業的談判所需的資訊。

如果你完全不認識那個企業裡的任何人，不妨直接打個電話，跟談判夥伴的祕書聊一聊，你可以開門見山地把情況告訴對方，你將訝異於想要獲取相關資訊的要求會被對方接受且直接處理。

觀察你的談判夥伴

觀察談判夥伴也是獲取資訊的一種方法。

●範例

洛克斐勒（John Davison Rockefeller）曾在紐約想出一種觀察的好方法。在結束一場談判後，他會繼續陪伴客人走到電梯處。他會在那裡向客人道別，再走回自己的辦公室。這時，有位被他雇用的年輕人會穿著工作服「恰巧」經過那裡，與那些客人一起搭乘電梯。那位年輕人還會在保持一定的距離下，跟蹤客人走到街上，直到客人上計程車。接著，他就會將客人在毫無戒心下的對話回報給老闆。

這種獲取資訊的方法，同樣受到警方的喜愛。最晚自《盯梢者》（*Der Schattenmann*）這部電視影集播出後，所有德國民衆都知道密探們如何進行工作。他們有全新的身分，新名字、新證件、新住處和新工作。這種專業術語稱之爲「傳奇」（Legende）的僞裝生活，往往會做到完美無缺，以至於你肯定不會發覺你在與某個密探接觸。此處必須提醒的是，密探的使用有很嚴格的法律規定。換言之，你必須有重大的嫌疑，才會面臨這種獲取資訊的方式。

如果你本身想用「密探的方式」蒐集資訊，請務必留意法律的規定。針對談判所做的錄音或錄影，都必須取得談判夥伴的同意。否則你可能會觸犯刑法！

蒐集資訊的方法當然還有很多，像是翻閱報紙的檔案。至於這些方法的細節，本書將略而不談。

我的談判祕訣：

- 請你在談判之外守口如瓶，切勿洩漏任何資訊。
- 切勿在毫無看管下，隨意放置含有重要資訊的文件，除非你有意要誤導談判夥伴。

為談判做準備的小建議：

●備妥你的資料

仔細準備是關鍵

有鑑於你的資料所顯現的專業性，談判夥伴會認為你已做好妥善的準備。對他而言，這象徵著他所面對的是一個行家，而且你也對他表現出重視與尊敬。因此，請你不要只是帶著一本空白的筆記前去參與一場談判，而應該讓對方見識到你已經做足了功課，不妨在資料夾畫上談判夥伴或其所屬企業的標誌。如此一來，談判夥伴就會看出你顯然花了不少時間和精力在為談判預做準備。你當然也能攜帶別家企業所製作的一些文宣品。

你也可以把解說材料與支持論述的證據一併帶去。當你在說明自己的動機時，藉助一些照片、圖片或統計資料，會更容易表明動機的背景。如果你的論述需要某些定義，請在談判前先擬好這些定義；最好能讓談判夥伴容易理解。

●創造一個有利的氛圍

設法營造舒適的氛圍

「氣氛愈良好，就愈容易取得贊同。」這是一條古老的談判原則。請你設法讓談判夥伴真正感到舒適。飲食的選擇切勿輕忽。

請你妥善規畫談判的流程，將關鍵階段安排在某個美好的氛圍中進行，例如安排在某家十分高檔的餐廳。氣氛愈良好，你的提議就愈容易獲得贊同。排除一切干擾因素，像是避免突然有人來電也是其中一項。

●邀請正確的人參與談判

與正確的人談判

請你邀請所有對你的協議有利的人參與談判。P283起的問題集可以當作這方面的輔助。請你務必做到在邀請某些人參與時，能夠控制整場談判。

如果你邀請談判夥伴的上司，這會很有利。另一方面，如果你沒有邀請某個人，談判也可能會失敗。當領導階層感覺自己遭到忽視，多半都會生氣。

●良好的健康狀態

曾經有位經理問我，我在展開一天的警務工作前是否會先「喝」點什麼，或者是否會在舞廳裡跳通宵。不，我當然不會這麼做。雖然我永遠不知道如此一來將會遇到哪些陷阱。對我來說，下班之後跑去喝通宵，第二天早上再醉醺醺地執勤，簡直是難以想像的事。身體健康對我來說是第一優先；我們所受的訓練也是以此爲本。

請你設法讓自己在良好的健康狀態下投入一場談判。在一場艱困的談判中，你需要百分之百的良好狀態！

在你進入談判前，請先將個別議題通盤思考一番。如同滑雪選手多次在腦袋裡模擬滑過各個斜坡，你也該模擬演練各個談判段落。

在談判中分析談判夥伴

理解代表著，當你問自己一個問題後，這個問題能被自己所知道的事情確切回答。

——安德烈・紀德（André Gide）

進行分析的傾聽

正確理解談判夥伴的動機，是一套令人信服的論述前提。

正確的理解

談判心理學的要素之一，就是正確**理解**對話夥伴。唯有正確地理解，我們才能採取正確的策略，並針對正確的益處進行溝通。

理解是由「傾聽」、「容許完整陳述」與「分析所述內容」構成的。也許你注意到了，我將「傾聽」和「容許完整陳述」做了區分。我們多半都能做到容許完整陳述，卻很難做到傾聽。

檢查對話

在我的訓練課程中，喜歡讓學員們做「檢查對話」的練習。在這種練習裡，兩位對話夥伴相對而坐，針對某項議題進行「交鋒」。對話夥伴A的任務就是表明某種自己衷心支持的立場。假設對話夥伴A是個老菸槍，反對在辦公室裡禁菸。對話夥伴B則是採取反對的立場，他不是吸菸者，覺得自己會被二手菸干擾，也覺得二手菸會危害自己的健康。

A先論述支持己方立場的理由。練習的特點在於，在A進行論述時，B必須先用心傾聽，在A完整陳述後，B接著要複述A的論點。A表示：「我認爲在辦公室裡必須允許吸菸，因爲吸菸可以讓我平靜，我就能專心工作。」

B先讓A暢所欲言，接著複述道：「你認爲在辦公室裡必須允許吸菸，因爲吸菸可以讓你平靜，你就能專心工作。」在A確認了複述的正確性後，B就可以開始陳述自己的反對立場：「吸菸不僅非常有害健康，還會妨礙我的專注力，影響我的工作樂趣。我完全不反對任何人吸菸，只不過前提是這樣的行為不能夠妨礙別人。」

這時輪到A來複述B的立場，並由B來確認其複述的正確性。

這是一種很棒的訓練遊戲，遺憾的是從來無法順利進行。因爲談判夥伴總是能讓對方完整陳述，卻無法確實傾聽。在我們傾聽時，大腦會對我們惡作劇。專注傾聽時，我們可以接收非常多的資訊，但談判夥伴卻無法提出這麼多的資訊；由於我們在傾聽時還有處理資訊的一些餘裕，就會在對方陳述的同時，開始構思自己的想法。

如果你本身是個不吸菸的人，也許在聆聽第一種立場時，就已經在思考反對立場。談判夥伴B也經常會這麼做。當A還在說話時，他就已經在構思自己所要陳述的反對立場，這意味著：他已經沒有在傾聽！

你有多常聽到伴侶、子女或同事抱怨說，你從來沒有好好聽他們說話？你又有多常回答說，自己明明就有仔細聽？很顯然，你把「容許完整陳述」與「傾聽」

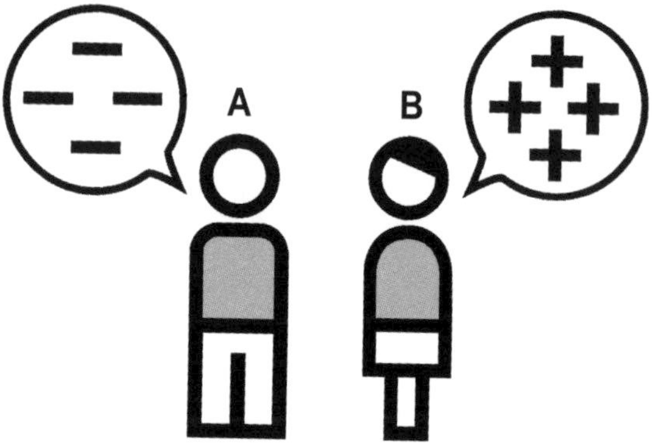

談判夥伴A知道所有反對的論述，談判夥伴B知道所有支持的論述。

混淆了。「容許完整陳述」代表著在談判夥伴（總算）停止表述之前，你先保持安靜，接著換你暢所欲言。「傾聽」則代表允許對方暢所欲言，並且嘗試理解對方爲何會表述某些事情；也就是說，專心聆聽對方的陳述，而不在當下思索自己的想法或意見。

我們可以在上圖中看見，A的腦袋裡全是「反對」在辦公室裡禁菸的論述，B的腦袋裡則全是「支持」在辦公室裡禁菸的論述。在一陣討論後，情況多半是反對論述與支持論述的比例一點也沒有改變。A所知道的依然還是自己的論述，完全沒有聽進B的支持論述。相反的，B則完全沒有聽進A的反對論述。

然而，目標必須是當你在聽對方論述時

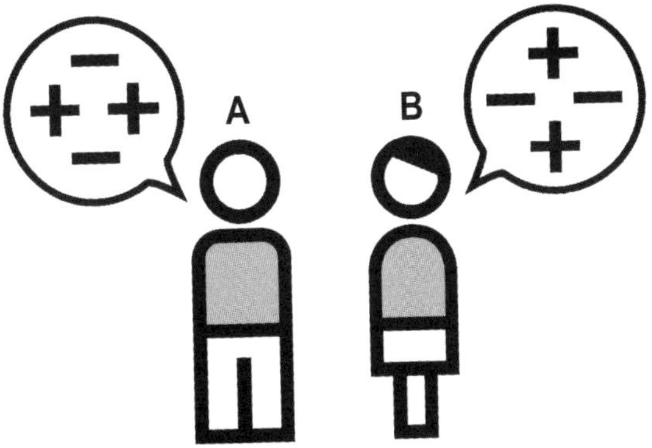

談判的目標在於理解談判夥伴的論述。

也要做到「傾聽」。傾聽、注意聽、聽進去。請你務必注意，在傾聽對方的陳述時，暫時不要思考自己的論述。

我所認識的最佳談判者，都是非常好的傾聽者。在談判夥伴說話時，他們會認眞觀察談判夥伴的言詞、表述和肢體語言。

「分析的傾聽」與「結合的傾聽」

人們將傾聽區分成兩種：

在**「分析的傾聽」**方面，你所要做的就是讓自己的思緒停留在陳述者所述內容的事實關係裡。你要一邊仔細傾聽，一邊思考談判夥伴爲何會提出那些資訊。

相對於此，在**「結合的傾聽」**方面，你則不是眞正在傾聽。你在思緒上從陳述者所述內容的事實關係中跳脫出來，把所聽到的內容與來自其他方面的元素相互結合。結合的出發點多半都是陳述者帶有情緒的言詞或內容。

因此，當你傾聽時，請停留在談判夥伴的陳述上，別讓「結合」拉開了你的注意力。分析的傾聽是可以學習的。請你仔細聆聽，彷彿你必須複述自己所聽到的內容。你可以用像是「如果我理解得沒錯的話，那麼……」這樣的話來當作複述的起頭。請你確認一下自己是否正確地傾聽。

分析談判夥伴的語言

分析談判夥伴的動機

「分析的傾聽」也代表分析與整理自己所理解的內容。談判夥伴說了什麼、他想藉此表達什麼、他的意思是什麼、爲何會說這些等，語言的分析是最高的談判藝術；唯有多聽，你才能培養出這樣的能力。你突破溝通的表面，走向深層。那裡是動機的藏身之處。大多數的人都無法認出這些動機，因爲他們都只是膚淺地聆聽。

四面模型

在我求學和受訓成爲談判教練期間，我學會了佛里德曼·舒茲·馮·圖恩（Friedemann Schulz von Thun）教授的方法。舒茲·馮·圖恩根據人際關係心理分析發展出「四面模型」（four-sides model）。這套模型合乎邏輯、簡單易懂，最重要的是，它可以讓對話一目了然。在《談話聖經一》（*Miteinander Reden 1*）與《談話聖經二》（*Miteinander Reden 2*）這兩本書中，[*4]舒茲·馮·圖恩說明了溝通的心理學，指出成功的溝通「取決於看清心理過程與人際糾葛的能力」。根據四面模型，一個人的所有言詞、所有手勢、所有表情，都能被分成四個層面。

讓我們借用舒茲·馮·圖恩筆下的生活例子。一對夫妻開車穿過某個城市，太太坐在駕駛座上，先生坐在副駕駛座上。太太以正常的車速行駛。在前方大約

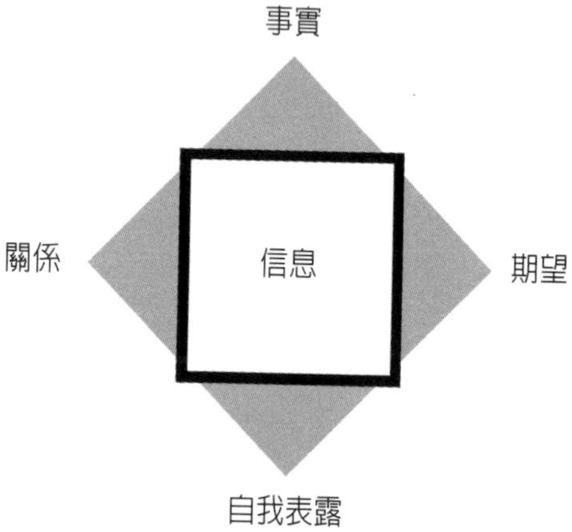

舒茲·馮·圖恩的「四面模型」

五十公尺處，有個正顯示著「綠燈」的交通號誌。這時身為乘客的先生開口說道：「嘿，前面是綠燈。」這位先生說這句話是想表達什麼意思呢？我們用四面模型來審視一下。

事實

首先，這個句子當然有個純粹事實的層面：交通號誌顯示綠燈。事實層面總是關係到某項論斷。

期望

每個表達都含有某種期望，某種做什麼或不做什麼的要求。在上述的情況裡，那位先生則是要求太太開快一點。

自我表露

就心理學而言，這個信息層面是極爲有趣的。那位先生表達了關於身爲一個人的什麼事呢？在每個信息中，不僅隱藏著關於事實的資訊，同時也隱藏著關於談判夥伴個人的資訊。他是一個什麼樣的人？這位乘客至少可以說是一個對於周遭事物警覺且專注的人。又或許，他是個急性子的人。

重要的是，自我表露是一種會被別人看出來的表現；即使你想用什麼手段來遮掩自我表露。如果你想使用某些自我隱藏的技巧，一位訓練有素的談判夥伴還是能夠分析與看穿你。反之，如果你能掌握這樣的知識，就能分析與看穿你的談判夥伴。

關係

這個層面顯示出談判夥伴處在怎樣的狀態，他們對於彼此採取怎樣的態度。如果兩個談判夥伴都站在同樣的位階上，這時雙方就處於一種平衡狀態。萬一你比談判夥伴矮了一個位階，就必須設法提升到對方所處的那個位階，否則將無法達成任何令人滿意的協議。

在這個交通號誌的例子中，代表了：誰覺得自己更會開車？那位先生覺得他太太在汽車駕駛人這個角色上扮演得如何？他站在一個更高的位階上，而且顯然認爲自己得教太太開車。

在分析一項陳述時，考慮信息的這四個層面是十分重要的。事實層面與期望層面相對容易辨識，至於自我表露層面與關係層面，就需要高度的聚焦與專注。

辨識溝通障礙

四面模型也非常適合用在辨識與消除溝通障礙。你肯定經常遇到這樣的情況：你說了A，但談判夥伴卻把它們理解成B。

當那位先生說：「嘿，前面是綠燈。」他太太可能會對這項陳述做出不同的反應。對於透過四個不同層面「發出」的陳述，她也可能透過四個不同的層面接收。舒茲．馮．圖恩說這是「收信者的四個耳朵」。

也就是說，那位太太可能會用四種不同的耳朵接收「嘿，前面是綠燈」這項陳述。假設她接收這項陳述是用：

- **事實之耳**，她的反應可能就是：「謝謝，我看到了！」
- **期望之耳**，她的反應可能就是：「ＯＫ，我開快一點！」
- **自我表露之耳**，她的反應可能就是：「你的急性子又犯了！」
- **關係之耳**，她的反應可能就是：「不然你自己來開！」

許多溝通障礙的解答就在這當中。如果你對夥伴說了某些事情，可是對方的反應卻完全有別於你的預期，問題可能就出在這「四種耳朵」裡。對方可以自由選擇他想用哪種耳朵接收你想傳遞的信息。

舉例來說，你希望太太把車子開快一點，於是你說：「嘿，前面是綠燈。」而你太太卻大吼：「不然你自己來開啊！」這時，你就面臨了眞正的溝通障礙，甚至還可能演變成一場嚴重的爭吵。爲什麼呢？因爲你想對太太表達一項期望，但這項期望卻未被表明爲期望。你不是以期望的方式發出期望，使得你太太必須自己決定想用哪種耳朵接收你所傳遞的信息。你想將「嘿，前面是綠燈」這項陳述當作期望傳達給對方，但你太太卻用「關係之耳」來接收這項陳述。

這是很愚蠢的過程，不過這種情況也很容易排除。日後，當你希望太太把車子開快一點，不妨就簡單地說：「妳應該開快一點。」如果你說：「請妳開快一點，我在趕時間！」那麼這就是一個明白的期望。你太太也會以「期望之耳」來接收這項陳述。爭吵可以避免，因為你清楚表達了想要的是什麼。然而，你為何不直說想要的是什麼呢？因為你不想那麼直接，不想對你太太指指點點。當一個收信者有選擇的餘地時，他們多半都會選擇情感層面。或許你也知道，人與人之間的陳述多半都是經由關係層面傳遞。

自殺者的挾持人質事件

在一場談判中，當你感覺談判夥伴的反應和你所想的完全不同，那麼你可能在關係層面遇到了障礙。這時，談判夥伴會覺得他在關係上立於比你更高或更低的位階。

當某個談判夥伴感到優越，溝通會面臨障礙。

挾持者幾乎總會感到優越，他們會認爲自己可以施壓。

● 案例

在我擔任制服警察期間，曾經遭遇這輩子最難忘的經歷之一。當時我親自接聽一位女士的來電，聽見她在電話另一頭大喊：「我的鄰居剛剛在我面前舉槍自盡！」

由於那位女士受到嚴重的驚嚇，我只是簡短地詢問她的地址，並未詳細追問整個事發經過。我和同事立刻跳上警車，趕往那位報案女士的住處。在途中，我們透過指揮中心的無線電，將該住處的地址與行動的概略描述發送出去。我們也請求指揮中心立刻派一輛救護車前往現場。

我們所要趕赴的現場與警察局只相隔了短短幾條街。我們將警車直接停在那棟房子外，接著就往樓梯間衝。根據那位女士的陳述，事情是發生在六樓。當我們爬到三樓時，突然聽見兩聲槍響。有名男子從六樓的樓梯上朝我們開槍。我們趕緊靠向牆壁，避免被擊中。那名男子在對我們開槍後，隨即跑回某一戶，卻未將房門關上。嚇出一身冷汗的我們，以狩獵本能追蹤他到了那戶住處。當我們踏進房間時，只見他手裡拿著一把拉開保險栓的手槍站在客廳，一個女子（應該是他太太）則坐在沙發上。他用槍抵著女子的太陽穴說道：「快給我滾，否則我就要開槍了！」

那名男子相當激動，而且很明顯是喝了酒。他的額頭上還有鮮血流出；畢竟根據報案的鄰居所言，他就在她面前「舉槍自盡」。

直到此時，我們還不清楚他手裡拿的並不是一把「真」槍，而是一把瓦斯槍；只不過，就連專家也難以一眼就辨別出它們與真槍的不同。這些瓦斯槍看起來和真槍毫無二致，只是在上頭多了一個聯邦測試局所發給的區別標章。然而，這個標章只有三公釐大，當時我們根本看不到它。瓦斯槍不會射出任何子彈，只會從槍管中噴出瓦斯。如果使用它們對著皮膚射擊，會將皮膚炸開，形成大約三公分乘三公分大小的撕裂傷，這時就會造成大量出血。

後來，我們去詢問那位報案的鄰居，她所見到的「自殺」過程。她先是聽到有人來按門鈴，接著打開門；那時她的鄰居就站在門口，與她相隔大約有一公尺的距離。在她將整個門打開後，他就舉起一把手槍抵住自己的太陽穴，並扣下扳機。在一聲巨響後，血花四濺，那名男子也跟著倒在地上。她嚇得趕緊關上門，馬上打電話報警。不明就裡的她當然不知道那是一把瓦斯槍。她誤以為鄰居已經自殺身亡。

讓我們回到客廳裡的挾持人質事件。現場站著一個手裡拿著槍、頭上流著血、神智不太清醒的男子。我得承認，如今我已想不起來當時我們為何及如何立刻跑進他的住處。在我的記憶中缺少了這段最初的過程。不過，那名挾持人質的男子的身影，至今我還是記憶猶新。那間屋子不是很整潔，我們身後有個狹小的走道，右邊是廚房，正前方則是擺著一張沙發的客廳。左方有一面很大的窗戶，可以看到我們的警車所停放的街道。男子的太太一語不發且惶惶不安地坐在沙發上。她只是望著我們。男子的呼吸既沉重又大聲，從他的眼神與言談中，我們不難看出他喝得頗醉。當時，他年約三十五歲，身材瘦削，身著牛仔褲與羊毛套衫。

那棟房屋位在一個夜間最好不要獨自外出的地區。先前我就曾多次去過那個地區，那裡住了不少我們常會遇到的慣犯。我們與那名挾持者對峙。他要我們離開屋子。換成是你，你會離開嗎？

對於絕大多數的人來說，這種與酒醉挾持者的談判，或許是極其困難的，對當時的我來說也不例外。我能否留下人質，自己離開那間屋子呢？你不妨換個位子站在人質的立場上想想這個問題。你的太陽穴被一把手槍抵著，你丈夫喝到有點神智不清，這時前來救援的警察居然告訴你：「不好意思，我們只想進來看一下。」隨即轉身離開。我們當然「沒離開」。我們對於人質與挾持者負有責任，就算情況十分棘手，也不會摸摸鼻子走人。

讓我們藉助四面模型來審視一下挾持者所說的話，將「快給我滾，否則我就要開槍了！」這句話做以下的分析：

事實

挾持者告訴我，眼下的客觀形勢如何。事實層面透露出另一個人告訴了我什麼。也就是說，如果我不離開，他就會射殺人質。情況就是如此嚴峻。

期望

幾乎無法更明確了。那名男子清清楚楚地表達了我必須怎麼做。

自我表露

這方面顯得十分耐人尋味。這名挾持者自我表露了什麼呢？他透露了哪些關於個人的資訊呢？在你繼續閱讀前，先花幾秒鐘的時間冷靜思考一下。

●案例說明

挾持者說的是德語，有能力說話、有能力理解、有能力扣扳機，從他的言談中可以看出他喝醉了且準備使用武力。當一個人說出以死威脅的話之前，究竟發生了什麼事？一個人得要多害怕，才會拿太太當擋箭牌？他究竟

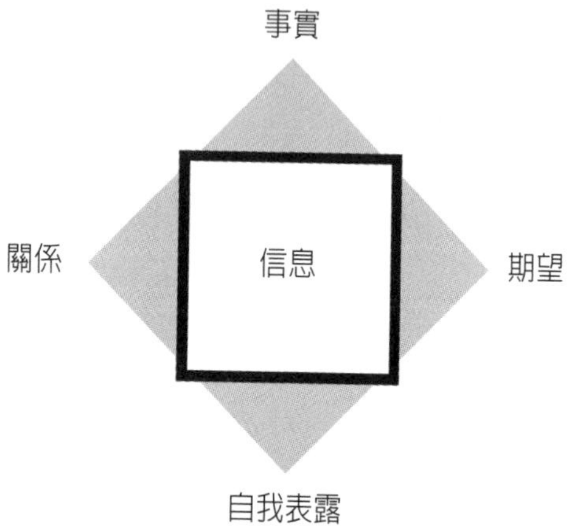

舒茲．馮．圖恩的「四面模型」

得處在多麼惡劣的立場，才會表達出這樣的威脅？

你是否曾經出於某種優越感而表達某種威脅？肯定沒有。一個會威脅別人的人，往往覺得自己處於弱勢，除了威脅別人以外，他們找不到別的方法讓別人「瞧瞧自己的本事」。

重要的是，他有談判的意願！如果他不想談判，早就可以扣下扳機，然後再從旁邊的窗戶跳下去或朝我們開槍；同樣用那把瓦斯槍。這時我們應該會回擊，只不過用的是真槍。

這與某些企圖自殺的人情況類似。如果一個人想要自殺，就會直接自殺，而不會站在某座橋上等一整夜，直到有人終於發現他。當他在經過幾個小時後終於被人發現時，就對著其他人呼喊：「走開，否則我就要跳下去！」這個例子當然簡化了整個自殺舉動。在每個企圖自殺的人背後，都隱藏了一段不為人知的故事；我完全無意貶抑或嘲弄那些故事。我只想指出，在這樣的情況裡，存在著某種談判意願。這並不代表這些談判就會很簡單。應該是說，我們有機會與挾持人質或企圖自殺的人談判，雖然那並不容易。

讓我們再把自我表露的部分做個整理：那名挾持者有能力扣扳機、喝醉了、情緒很激動、充滿不安（換言之，承受了極大的壓力；這是一種軟弱的表現）、主觀覺得自己居於優勢。他認為，憑藉自己的威脅舉動可以度過難關。

關係：

誰處於比較高的位階，是那名挾持者，還是我們？

一開始是他處在比較高的位階，因爲事件的發生是由他所主導。我們也承受了同樣多的壓力與不安。他相信自己可以獲勝。他認爲，一旦我們離開，他的問題就能迎刃而解。根本不可能！然而，他卻不知道這一點，把「快給我滾，否則我就要開槍了！」這項威脅當成自己出路。

請你別誤以為，在這個情況下我們是冷靜地站在走道上，好整以暇地利用四面模型在進行分析。我們當然也很害怕，而且還花了好幾分鐘的時間設法了解整個情況。當時，對我來說，最重要的資訊就是那名挾持者願意對話；否則他早就動手了。

●案例說明

在我參與過的艱困行動中，對方都願意與我對話。這並不是因為我比較親切，而是因為他們在我身上看到了一位或許能夠幫助他們脫離困境的夥伴。銀行搶匪，甚至因此而挾持人質的綁匪，多半都是極為和藹可親的犯罪者。若要理解這一點，你必須先知道大多數銀行搶匪的背景都不是典型的罪犯，他們往往從來沒有犯過法！換言之，在背後推動如此重大犯行的，並不是犯罪的力量。

有一回，我參與了一場在慕尼黑東區逮捕銀行搶匪的行動。藉助這名犯罪者，我們可以對銀行搶匪的典型經歷有個認識。這當然無法完全套用在所有銀行搶匪身上，也不代表銀行搶匪就不危險；事實正好相反。

那個根據我的經驗可謂是典型銀行搶匪的犯罪者，有一個家庭，還買了一棟不小的房子。他也擁有一部相當不錯的車子；甚至會不遠千里開著車子去度假。在入不敷出的情況下，他的存款逐漸花光了。

原本銀行一直貸款給他，因為他有一棟房屋，也是個老老實實的公民。這時，銀行卻突然要求他返還部分借款，大約三萬歐元。這位良民收到銀行寄來的一封信，表明他必須在下個月一日前匯出三萬歐元。由於他沒有錢，於是陷入了極大的還款壓力。

當然，他可以賣掉房子和車子。但這對他而言卻是下下之策。因為如此一來，他的太太、鄰居和同事就會認為他沒有能力負擔房子。他的那棟房子「實際上」是為了太太、鄰居和同事而蓋的；只不過蓋得太大了。

如果要他承認自己沒錢了，對他來說將是人生的一大挫敗。他遍尋不著其他的解決方法。沒有任何銀行願意貸款給他。到了二十五日，他開始緊張起來。到了二十六日，他變得無法成眠。二十七日、二十八日，他更被還款這件事逼得快要瘋掉。他急需要錢，而且就在接下來的一、兩天。他腦海裡的所有思緒都圍繞著錢打轉。他不斷思考自己到底還能從哪裡弄到錢。哪裡有錢？銀行當然就是錢最多的地方。

一個人如果會衡量得到一大筆錢的機會與遭到逮捕的風險，就不可能去搶銀行。一方面，在櫃檯區可以搶到的錢其實很少。另一方面，由於銀行設有種種安全措施，被逮捕的風險其實很高。此外，如今到處都設有監視器，很容易就會被追蹤到。然而，這位好公民卻沒有考慮這麼多；他只是為了還錢的問題終日惶惶不安。

於是，到了三十日，他開車去一家銀行。事實上，有時銀行搶匪甚至會使用自己的車子和車牌。曾經有名搶匪開的還是公司的公務車，不僅有公司的巨型廣告文字，他還大剌剌地把車子停在銀行門口。某些銀行搶匪則會乾脆去搶自己存款的銀行，而且還會找「他們的」行員。銀行職員直呼蒙面搶匪的名字還向他們打招呼，這種事情確實發生過。

總之，那位「良民」在忐忑不安下驅車前往銀行，他戴上絲襪面罩，手裡拿了一把瓦斯槍。你不妨想像一下，這時他承受的壓力有多大？他拿著手槍走進銀行的營業大廳，所有人都注視著他。他走向櫃檯，用顫抖的聲音呼喊：「拿錢來！」一個銀行搶匪要把錢裝滿袋子，需要幾分鐘的時間呢？由於銀行的時間安全機制，行員只能交出小額的金錢。他們實際上弄不到比較大額的金錢。

於是他只好站在櫃檯區等著。隨著一分一秒經過，他的壓力也愈來愈大。突然間，他聽到了不知哪裡傳來的警笛聲；也許是某輛正要趕往車禍現場的消防車；也許是某輛救護車；也許是某輛正要來逮捕他的警車。這時他再也受不了了，於是就用手槍抵住站在他身旁的一位七十多歲老奶奶，揚言要對她不利。這時就發生了一場挾持人質的事件。

接著，當警方趕到現場，只見一名蒙面挾持者與一位老奶奶就站在銀行的營業大廳裡。銀行的門前全被淨空，狙擊手就定位，直升機則盤旋在銀行上空。這一切當然又給這位「良民」增添了不少壓力。

當他提出要求時，他表示需要錢，還要一輛用來逃亡的汽車。一輛汽車，要用來逃亡；至於錢，我相信，對於絕大多數的銀行搶匪來說，這時已經變得無關緊要。重要的是，先逃離現場再說！

這時候，壓力已經大到會令人難以控制自己的肌肉。曾經有好幾次，當我們在逮捕嫌犯時，他們都已經尿濕了褲子！

在本書的開頭，我曾經提過，請你根據自己主觀的方式判斷一下，什麼樣的談判夥伴不容易應付、什麼樣的談判夥伴則否。

銀行搶匪是不容易應付的談判夥伴，這點毋庸置疑。當你望向立場的背後，會發現一些諸如渴望獲得肯定或愛之類相當普通的人性動機。我之所以陳述這個例子，無非就是想要藉此讓你知道每個立場的背後都有一個「人」。即使那個人帶了面具，手裡還拿了槍。即使那個人是你的老闆，而且經常做些偷雞摸狗的事。即使你的談判夥伴行爲舉止十分自大且霸道。

●案例說明

或許你會想問，我從何得知一個銀行搶匪在想些什麼？我經常會跟遭到逮捕的罪犯交談。在逮捕之後、移送警局途中、審訊室或牢裡。所有罪犯無論做了什麼犯罪行為，都是「人」。他們都是渴望著與人接觸、與人交談、受人肯定的人。在我們逮捕了那個在慕尼黑東區搶銀行的犯罪者後，他向我描述了自己在犯案過程中的思緒。這個年約三十歲、來自奧地利的男子，在遭到逮捕的兩年前，自立門戶開了一家貨運公司。公司的營運不如他的預期，導致積欠的債務愈來愈多；儘管如此，他卻不願對父母吐露實情。

他再也借不到錢周轉後，認為搶銀行是唯一能夠解決問題的途徑。事實上，發生在慕尼黑東區的這起銀行搶案，已經是他第二次動手行搶。當銀行搶匪搶得許多金錢後，往往只會償還部分欠款。剩餘的贓款多半都會拿去展現給配偶、鄰居或同事，讓這些人看看他們多有錢。這名銀行搶匪是在第二次犯案時才被捕。我在那之後曾與他交談。他一方面感到十分絕望，另一方面又覺得自己如釋重負。在法院的審理過程中，他最後被處以相當重的刑罰；銀行搶匪總會被判處很重的刑罰。也許他不想在服完刑後再見到父母、鄰居和同事。也許他不想對別人承認自己失敗了，最後他選擇在牢房裡上吊自殺。

● 銷售與談判

銷售也是談判

銷售最主要就是在談判，因此談判的基本原則也適用於銷售。如你所知，重要的是探詢談判夥件的立場，分析隱藏在立場背後的動機。

我喜歡在訓練課程中詢問學員，什麼是一個好銷售員必備的條件？所得到的回答總是指往同樣的方向：能夠好好傾聽、理解顧客，還有提出正確的問題！

然而，什麼是正確的問題呢？訓練有素的讀者或許會回答說：「開放性問題！」換言之，無法用「是」或「否」回答的問題，像是帶有如何、什麼、爲何……等疑問詞的問題。至於封閉性問題，也就是所有可以用「是」或「否」來回答的問題，則應該避免。

在我看來，無論你提的是哪種問題，完全無所謂，重要的是問題的方向要對。

請在你的分析中找出哪些動機隱藏在立場背後。請你要像分析挾持者的立場那樣進行分析。在我所陳述的第一個挾持人質的例子裡（p.24），那名挾持人質的男子表示，他要錢和一輛用來逃亡的汽車；這是他的立場。至於他的動機則是獲得前女友的認可。

你的顧客會說出他們的立場，卻不會說出眞正的動機。某些顧客會刻意隱瞞自己的動機，因爲他們不想自我表露；請你回想一下前述的「自我表露」。另有一些人會隱藏動機，是因爲就連他們也不清楚自己的動機是什麼。

●範例

在賣車的地方，人們經常會遇到不知道或不想洩露自己動機的顧客。舉例來說，有位顧客對於一輛BMW5系列的車感興趣。他目前是一家公司的老闆，住在很漂亮的住宅區。

這位顧客踏入展售中心，向銷售人員表示，自己想看看那輛全新的BMW5系列的車，還講起了自己最重視車子的什麼特質。省油、保值和安全是他最在乎的。當然，在銷售對話中，你得去理解顧客的願望，但這當中或許只涉及到顧客的立場。

在這位潛在的顧客身上還隱藏了未被滿足的動機。或許，他想買一輛BMW5系列的車，是因為他想藉此來向擁有BMW3系列的鄰居炫耀。或許，他想藉此讓客戶留下可靠的印象。他不會或不能向銷售人員表達自己的動機。我從未聽聞哪位BMW的銷售員說過，某位顧客告訴他，自己想買輛BMW來向鄰居「炫耀」。

在前述「四面模型」裡提到的自我表露，在銷售對話中是一項有趣的挑戰。這位顧客完全不願或不能洩露關於個人的事情、內心最深處的願望和恐懼。他把自己隱藏在尋常的陳述背後，不讓任何人看穿他。他不會表明，他要買比較寬大的輪胎，是因為想藉此讓鄰居對他投以羨慕的眼光。他會向銷售人員扯些關於省油、保值和安全的事情。他想要寬胎，是因為比較寬大的輪胎就是比較安全。如果銷售人員順著他的話，聊起了關於省油、保值和安全的事情，就會錯過對於動機的探詢。當然，銷售人員還是得要接受顧客的願望，將這些願望嵌入推銷的論述中。只不過，光是這麼做還不夠，更重要的是找出諸如獲得肯定之類的動機。

因此，請你向顧客探詢，他們在立場背後懷有怎樣的動機。是什麼在驅使你的顧客？獲得肯定、自我實現、炫耀……？

你所提供的商品必須能夠解決顧客眞正的問題。你的任務就是幫助顧客看出問題所在，提供顧客正確的解答，賦予顧客「有人了解他們」的感覺。

●針對正確動機給予正確解答

相較於針對正確問題給予錯誤解答，針對錯誤問題給予正確解答其實更糟。

——彼得・杜拉克（Peter Drucker）／美國知名管理顧問暨作家

●案例說明

讓我們再次觀察一下那名挾持婦女的犯罪者的想法。他會挾持人質，是為了獲得前女友的認可。在對外溝通時，他表示，自己想要的是贖金與一輛用來逃亡的汽車。他的立場是要求贖金，但動機卻是獲得認可。

假設談判小組滿足他的要求，給了他贖金和一輛用來逃亡的汽車，他也帶著一個裝滿錢的皮箱，開著那輛車遠走高飛。乍看之下，他的要求似乎被正確地滿足了，這一切似乎是問題的正確解答。然而，逃亡車輛與贖金不是他的問題所在；他真正的問題是缺乏獲得認可。

換言之，逃亡車輛與贖金是針對錯誤問題所給予的正確解答，其結果將是挾持者無法感到滿意。

請為每項動機提供一個解答

唯有當解答能夠反映動機（而非立場），這個解答才能令人滿意。因此，在你對談判夥伴進行分析時，切勿只滿足於立場的分析。請你務必找出哪些動機隱藏在立場背後，你在銷售對話中將比較不會有阻力。

●少點異議

對方的異議顯示出你的分析不足之處

當解答的正確性無法取信於你的談判夥伴時，他就會提出異議。他會認為，你要求的代價遠高過他能獲得的利益。每項異議都在提示你，你的分析做得未盡妥善。其實你是為錯誤問題提供了解答。因此，當談判夥伴提出一項異議，請你務必回過頭進行分析，再審視一下分析錯了什麼。

●提問的結構

請你正確地提問

如果你能說明自己提問的理由，談判夥伴就會回答問題。如果不說明理由，你的分析就可能會被賦予盤問的性質。談判夥伴會覺得自己被「審問」，將會拒絕你的提問。因此，在你提出第一個問題前，應該先為自己要做的分析說明理由。你可以用這樣的陳述，「為了能夠正確地幫助你，我需要對於……有清楚的了解……」這時，談判夥伴就會知道你的提問是為了他的利益著想。

在分析的一開始就馬上探詢談判夥伴的動機，是不明智的。對方在這個階段給你的信任不夠多，還會對你保持相當高的戒心。所以，請你從容不迫地進行分析，在為自己的提問說明理由後，先針對目前的情況提問。你不妨詢問一下談判夥伴，對於目前的情況有何看法。

讓我們假設一下，你在為某個擔心自己孩子未來的顧客提供諮詢。請你詢問對方，他有幾個孩子、孩子多大了、目前對於孩子有怎樣的煩惱。請你分析一下，這位顧客已經在存款、不動產或類似的事物方面，為子女做了怎樣的準備。在這個階段，你還不能把自己的商品搬上檯面。請你暫時扮演一個獨立、客觀、在為孩子思索最好的未來的顧問。談判夥伴會告訴你某種立場。它透露了對方想要的是什麼；卻沒有透露為何他想要那些東西。

如果你確切認識了談判夥伴的處境與立場，就可以分析為何他想要投資某種預防措施。這時，請你探詢他的動機。

請你釐清對方在預防措施上結合了哪些目的。這樣的需求大多圍繞著受到保護與安全。對於沒有謀生能力的情況來說，財務安全是一種典型的需求。然而，這並不足夠。當你的顧客是在思索子女的未來時，腦袋裡所想的必然遠不止於此。當個好爸爸、自己的未雨綢繆獲得子女的感恩、自己用心照顧子女而獲得太太的肯定，這些多半才是真正的動機。

促使對方認識動機

幫助談判夥伴說出動機

如果動機無法被清楚地表達出來，是因爲它們未被你的談判夥伴清楚地認識。這時你的任務就是凸顯動機。藉由顧客自己說出動機來凸顯，而不是由你點出動機；無論如何，你絕不能說破那些動機。

你的顧客想爲子女未來的老年生活預做準備，你察覺到「當個好爸爸」的願望是對方的動機。這時，你得設法揭露這樣的動機，好讓談判夥伴更容易認識這樣的動機，而你也會更有把握自己是走在正確的道路上。藉助一座容易理解的修辭橋梁，你就可以揭露並放大這樣的動機。你可以使用「假設……」這樣的陳述方式來提問。

●假設……

相較於獲取自他人的論據，人們往往會更容易被自己所發現的論據說服。

——布萊士・帕斯卡（Blaise Pascal）

請你創造一種看問題的新方式

你可以藉助這座修辭橋梁把談判夥伴的注意力轉移到他的動機上。請你詢問對方，這項動機對他來說是否確實重要。「假設你不為兒子做一些未雨綢繆的準備，這代表什麼呢？」藉助這項否定的暗示，你把對方的思路帶往一個全新的方向。對方至今從未好好想過，如果什麼都不做究竟會發生什麼事。就在此刻，你可以感覺到談判夥伴身上的思考是多麼猛烈地進行著。直到你的談判夥伴構思出答案，恐怕需要一段時間。他會先思索一番，進而構築出一個對他來說算是新的看法。

因此，請你給予對方充分的時間，善用暫停或休息的力量。這個方法的技巧，在於讓談判夥伴能夠對一個既存的論述有新視野。這時你所聽到的答案，將會帶領你繼續往動機研究的方向跨出關鍵的一步。請你追問對方的論述，以便在動機研究上更加深入。

舉例來說，你的談判夥伴表示：「萬一我兒子將來發生什麼意外，他會沒有任何保障。」

談判夥伴見到了某些景象，向他顯示出如果現在什麼都不做，將來可能會發生什麼事。請你抓出這些景象、追問這些景象，讓你對於對方的動機有個清楚的概念。「這代表什麼呢？」「爲何這對你來說如此重要？」諸如此類的問題將引領你逐步前進。

負面與正面的暗示

在此我要提醒你，切勿犯下一個大錯：千萬別告訴對方，如果對方什麼也不做，可能會發生什麼事。你應該詢問對方。

如果你告訴對方，可能會發生什麼事，這聽起來會像是某種威脅。「○○先生，如果你現在什麼都不做，將來你的兒子可能會流落街頭，無家可歸，沒有任何保障。（懂了嗎？你這個愚蠢的顧客！）」

你應該詢問對方，他的無所作爲對於兒子代表什麼。你應該詢問對方，他的無所作爲對於身爲父親的自己又代表什麼。請你允許談判夥伴有充足的時間思考。無論如何都不要向對方施壓，請善用暫停或休息的力量。

在負面的暗示之後，就要提出正面的暗示。在你成功引領談判夥伴進入一種反思的心境後，必須恢復正向思考的氛圍。你不妨詢問顧客，如果他爲兒子買了一個退休金保險，那代表什麼；再一次，對於他和兒子各代表什麼。請你再度利用追問去放大這些願望，也就是「動機」。

對話範例

● **立場：**

顧客：「我想為兒子規畫退休保障措施，這樣的話，當他進入職業生涯時，就會有所保障。」

●狀況分析：

顧問：「我很樂意為你服務，請問你的兒子多大了？」「他讀的是什麼學校，受過什麼教育、什麼培訓，將來要從事什麼工作？」「你已經規畫了哪些保障措施？」「有怎樣的不動產、存款、保險？」

●目的分析：

顧問：「保障有各種不同的選擇。什麼樣的保障在你看來最有意義（高收益儲蓄、蓋房子、現代化、基金……）？」

顧客：「我偏好不動產。」

顧問：「為什麼偏好不動產呢？」

顧客：「在不動產方面，人們很清楚自己擁有什麼。如果是基金的話，人們根本就不知道到底會如何發展。此外，如果兒子住過那個不動產，他將來還會懷念我。」

●負面的暗示（如果不做的話會怎樣）

顧問：「假設你現在不做任何保障規畫，這代表什麼呢？」

顧客：「那麼我兒子就沒有老本，他得自己為老年生活煩惱。對於一個職場新鮮人來說，這將是一大財務負擔。」

顧問：「你的兒子將面臨怎樣的後果？」

顧客：「他得把很大一部分收入耗在這上面，可以花在自己身上的錢就會少很多。此外，他也無法出國留學。」

顧問：「這有那麼重要嗎？」

顧客：「是的，當然，如今這已經成為找到真正好工作的基本前提。要是他不能出國留學，總是會矮人一截。」

顧問：「對於身為父親的你來說，這會有什麼影響？」

顧客：「如果是這樣的話，我恐怕會永遠遭到指責。」

●正面的暗示（如果做的話會怎樣）

顧問：「假設你簽訂了一份保障措施的契約。這對你兒子的前景有何影響？」

顧客：「如此一來，他就能出國留學。他可以在某種程度的獨立自主下做一些能讓自己進一步發揮的事。」

顧問：「他會憑藉如你所說的『某種程度的獨立自主』做些什麼呢？」

顧客：「他將不需要把時間拿來打工，可以專心學業。相對於其他學生，這會是一大優勢。」

顧問：「那麼，對於身為父親的你來說，這代表什麼呢？」

顧客：「如此一來，我就不會被人埋怨。我想，他應該會很感謝我才對。」

這時你才能開始介紹商品。絕大多數的顧問都會在顧客說出第一句話後就開始介紹他們的商品：

顧客：「我想爲我的兒子規畫保障措施，這樣的話，當他進入職業生涯時，他就會有所保障。」

顧問：「好的，在這方面我們有……。這對令郎來說是正確的選擇。」

憑藉這樣的對話表現，你無法與其他供應商做出區別。顧客會覺得自己不被了解或不被認真對待。

藉助「假設……」這樣的修辭橋梁，你可以讓顧客自己陳述益處。你永遠不必冒著向對方「兜售」什麼的危險。這時，進一步的利益論述將會變得簡單。後文有進一步的相關說明。

分析談判夥伴的肢體語言

● 肢體語言的分析

肢體語言的分析是一個非常複雜且繁瑣的題目。

肢體語言是一種過程

我打算聚焦於唯一的祕訣：肢體語言不是「瞬間攝影」，它們其實是一種過程。在某些畫報中，人們會用一些漂亮的圖片來爲讀者說明肢體語言。舉例來說，圖片中可能會有一個漂亮的年輕女性以不同坐姿坐在一把椅子上，讀者得圈選出他們對於那些坐姿有何評斷。如果真的那麼簡單，那就太棒了！

但是，每張照片都是「瞬間攝影」。它只是複印了某一秒鐘的肢體語言，卻沒有前一秒鐘或後一秒鐘的肢體語言。你不妨想像一下，你在照片中見到一位女性擺出輕鬆的姿態，無論是她的手或腳，都沒有交叉擺放，她的眼神則是坦率地望向觀察者的方向。照片下方某位「專家」的小提示指出：這位女士正在尋求與人接觸。你很認眞地接受了這項小提示，然後到人行步道上閒晃，想要印證這種姿態的肢體語言。你在某個咖啡廳裡發現到，有位漂亮的年輕女性正好就呈現那樣的姿態。於是你走向她，向對方表示你也在尋求與人接觸。情況有可能是那位年輕女性感到十分高興，但也有可能是她對於你的舉動十分惱火。

一張照片總是「瞬間攝影」，對於一張照片所下的評斷可能是對的，但不必然是對的。肢體語言中的過程其實更耐人尋味。當你實際和那位年輕女性交談，她會如何反應，其實沒有那麼絕對。她會讓自己的姿態更開放，還是更閉鎖？她會把雙手交叉，還是把頭轉開？

因此，請你切勿過於專注在談判夥伴某一瞬間的肢體語言，應該留心對方的姿態在整個談判過程中的變化。當你提出某項新論述後，談判夥伴做何反應？他比較偏向贊同，還是偏向反對？當你提出某項報價或限制，對方又做何反應？

當你或對方在論述時，請仔細觀察談判夥伴的肢體語言。請你留心肢體語言的變化。這些變化會透露出關於談判夥伴的許多情緒狀態。

我的談判祕訣

- 只要你忙著處理組織或內容方面的事情，就無法真正聚焦於談判夥伴。因此，請你善用準備工作，在一場談判前就先搞定所有之後會讓你分心的事情。
- 在為一場談判預做準備時，請盡可能專業到讓自己在談判過程中完全專注於談判夥伴。
- 探詢立場，並分析談判夥伴的動機。
- 每個信息都能拿來分析。

- 在每個表達中，請留心關係層面。
- 學習分析的傾聽，讓自己能把種種信息聽進去。
- 在每個立場背後都有一個帶著願望和焦慮的人。
- 切勿滿足於某項立場；請你追問動機。
- 提出正確的問題；正確的問題就是所有引你走向動機的問題。
- 在提出第一個問題前，先為提問說明理由。
- 假設不怎麼樣……＝負面的暗示。
- 假設怎麼樣……＝正面的暗示。
- 讓顧客自己說出有益於他的好處。
- 刻意地做個暫停或休息。
- 蒐集盡可能多的資訊。
- 想想談判的成功，切勿輕言放棄。
- 在你與談判夥伴之間營造一種平衡的態勢。
- 肢體語言是一種過程，絕非一種「瞬間攝影」。

●在談判過程中，留心肢體語言的變化。

●**困境談判的祕訣：**觀察你的談判夥伴。

法則2

有助於追求目標的清楚策略

一個人若不明確知道自己要往何處，那麼他去到某個自己根本不想去的地方，也沒什麼好大驚小怪的。

——羅伯・馬格（Robert F. Mager）

在知道自己和談判夥伴各有怎樣的動機後，可以開始著手以下的事情：

● 目標
● 策略
● 戰術

我們再次以前述那個希望獲得前女友肯定的挾持者為例。那個獨自犯案的挾持者，在某個住宅裡挾持了一名人質與警方對峙。

目標

所謂的「**目標**」就是可以估算的、可被明白確定的結果。也就是說，在談判之前，你要先思考一下想達成的是什麼。其中重要的，除了最佳目標以外，你還

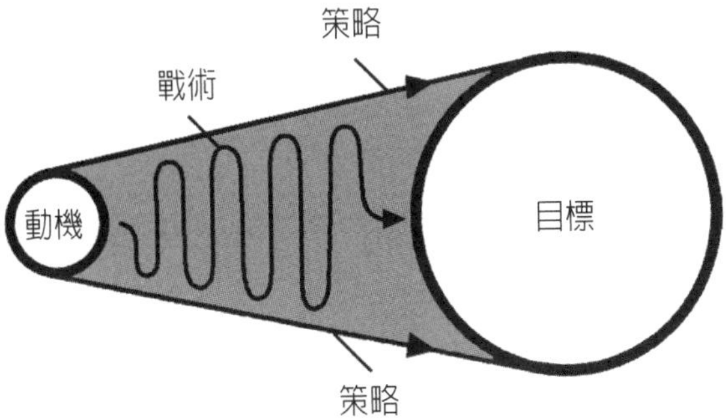

根據你的動機去計畫談判的目標、達成目標的指導方針（策略）和具體實現策略的戰術。

得思考最低目標。請你以書面方式寫下你的談判底限究竟落在什麼地方。

警方談判負責人的目標，就是毫髮無傷地解救人質並逮捕挾持者。

所謂的「**策略**」就是對於整個談判進行過程的指導方針，它將引領你從動機走向目標。

在那場挾持人質事件裡，所採取的策略就是「以拖待變」。挾持者只有獨自一人，最遲到了挾持人質的第二天，他就會非常疲憊，甚或筋疲力竭。

所謂的「**戰術**」就是具體實現策略的個別行動。

所有可以延長挾持人質情況的行動，都可以納入具體實現「以拖待變」這項策略的考量。如果挾持者要求一輛越野車做為逃亡交通工具，那麼人們可以對挾持者假裝正在設法弄來一輛越野車。過了幾個小時後，再向挾持者坦白，沒辦法弄來任何越野車。這時再次詢問挾持者，他想要什麼交通工具做為替代選擇。

策略

基本上，策略的規畫有四種可能：

- 施壓

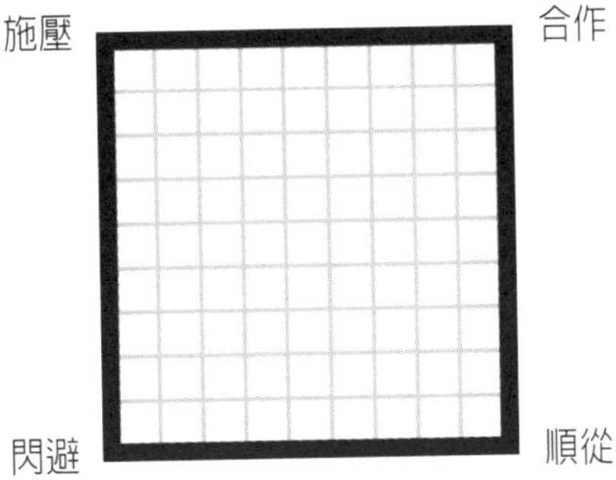

你可以在四種基本的策略方向之間做選擇。

- 閃避
- 順從
- 合作

策略一：施壓

當你對談判夥伴強力施壓，就是打算成爲贏家，想要獨自達到你的談判目標。在這當中，談判夥伴發生什麼事情，對你來說都無所謂。重要的是，你達成自己的目標。

許多人在認爲自己能夠取勝時，都會採取這種策略。如果談判夥伴認爲自己能夠獲勝，你就該問問自己做了什麼而讓對方如此認爲！

你做了什麼，致使談判夥伴認為「沒有你，他也能贏」？

此處重要的是，區分「不屈不撓的主動性」與「求勝的意志」。如果一個人不屈不撓地力挺自己的立場與動機，他可以憑藉施壓的策略，在通往令人滿意的協議道路上，達到部分的成功。在施壓的同時，他會在其他要求上讓步。然而，如果他只是想著自己的目標，而且非達成那個目標不可，可能就會遭到對方的反制。如果雙方都採取這種策略，最後就會引發爭鬥。人人都想獲勝，沒有人想要做什麼讓步。這時談判就會告吹。

策略二：閃避

閃避代表著避免衝突

在閃避方面，是指你放棄某種要求、某項合作或令人滿意的協議。你避開衝突，避免與談判夥伴發生任何爭論。這對對方來說有多美好啊！

當你想讓某項要求落空時，「閃避」只是被拿來當作戰術。你藉此將那項要求推遲到較晚的時間點，你認爲到那時比較容易應付它。

如果你覺得談判夥伴目前居於優勢，不妨讓他的要求或攻擊落空。我是從日本的「柔道」中學到這項技巧。在柔道中，你不會硬碰硬地對抗對手所發出的力道，而是引領對手從你的旁邊經過，讓攻擊你的力道撲空。你可以憑藉這項技巧與對方「纏鬥」，直到對方力氣盡失。面對一個逐漸虛弱的對手，戰鬥對你來說會變得容易許多；只不過戰鬥還是無可避免。

同樣的道理也適用於談判。你可以藉助閃避去弱化一個居於優勢的對手，直到對方願意進行談判或是犯了錯。然而，無論如何你都得談判。如果只是一味地閃避，不肯應戰，就會把整個戰場都拱手讓給談判夥伴。

「以拖待變」這項策略，在前述挾持人質的例子裡，是「閃避」這個策略十分有效的變形。獨自犯案的挾持者提出的所有要求全都落空。

策略三：順從

當你順從時就是讓步

當你順從時，就會顯露出合作的意願。這時，你得放棄自己的部分目標。這項策略在用來表示讓步之意上，非常有用。你的談判夥伴可以把這樣的信號視爲讓步，在跟你的對抗中拉近一點距離。不過，談判夥伴也可能將這樣的信號理解成施予更多壓力的邀請。萬一他嗅到了勝利的機會，可能會增強壓迫。如果談判夥伴過度進逼，問題可能出在你截至目前爲止過分順從。

重要的是，你必須確定在不重要的談判議題上順從會是有益的；只要最後你還是能夠達成最重要的那些目標。關於這一點，請你同樣留心後頭將會提到的互惠原則。

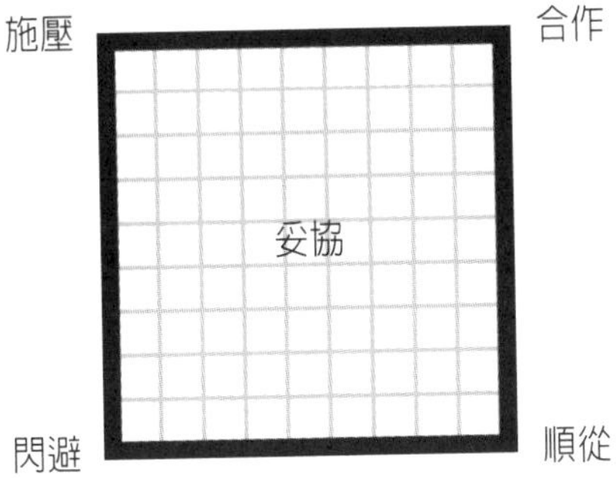

在妥協下，你脫離了堅定不移地實現某個基本的策略方向，以促成一個差強人意的協議。

策略四：合作

這項策略讓談判夥伴雙方都成爲贏家。雙方的動機都受到考量。這當然得以你明確看出談判夥伴的動機爲前提。

另一項前提則是，雙方都有合作意願，而且存在必要的信任。如果你並不信任談判夥伴，就無法採取這項策略。

策略五：妥協

在妥協中，你有點合作，又不是完全合作。這時你的目標就是促成一個差強人意的協議。談判夥伴雙方交會於「中間點」，沒有任何一方眞正感到滿意，不過雙方還能接受這樣的協議。最大的好處就是，無論如何還是達成了協議；儘管不是最好的。

●正確的策略範例

假設你想要賣給某個企業集團一項軟體解決方案，面臨一場艱困的價格談判。請你在談判前預先考慮一下，怎樣的協議對你來說算是最好的，對談判又想設下怎樣的底限。

請你千萬不要只是抱著「看看談判夥伴會提出什麼要求」的心態進入一場談判。如果你沒有擬好明確的目標，很容易在談判中被談判夥伴牽著鼻子走，而被誘使放棄你的底限。

價格談判的目標：

舉例來說，你的目標就是以三%的折扣出售軟體解決方案。根據你的經驗，較少的折扣是不切實際的。

接著你還得設定底限，也許就是八%的折扣。這代表在最不佳的情況下，你願意在八%的折扣下簽約，萬一得要給予九%的折扣，就完全不考慮這筆生意。

請你設定一個底限

因此，請你在談判前擬定好目標。設定底限的重要性往往會被忽略。許多賣方都會被談判夥伴牽著鼻子走，在未曾奮鬥下就放棄了應有的底限。如果談判夥伴以切香腸的戰術步步進逼，那些賣方也會跟著步步退讓。直到談判結束時，那些賣方才驚覺自己實際放棄的比願意放棄的還多。這就是沒有提早設定與堅持捍衛底限的一個明證。

價格談判的策略：

如果你在追求一個令雙方都滿意的協議，那麼「合作」的策略是很有意義的。這意味著你想要在目標區內出售商品，因此得從三%折扣這個最佳目標退讓，只不過你絕不能接受多過八%的折扣，否則談判夥伴就會是唯一的勝利者。在這項策略下，你不能施加過多的壓力，也不能屈服於談判夥伴的壓力。

你該採取怎樣的策略？

你可以根據以下要點爲自己選擇合適的策略：

- 達成協議對你有多重要？
- 權力如何分配？
- 你和談判夥伴之間存在哪些共同利益？
- 你和談判夥伴有著怎樣的私人關係？
- 在談判之後，你和談判夥伴該維持怎樣的關係？

達成協議對你有多重要？

請你設定優先順序

如果是攸關生死，你肯定會對談判全力以赴。但如果只是一場價格折讓的談判，你投入談判的力道將會明顯減弱；除非你的職位去留取決於一場成功的議價談判。如果那場談判是你從未遇過的類型，你肯定會比早已司空見慣的那些談判付出更多心力。

在某場不太重要的例行性談判中，你比較容易讓步，以讓自己能夠致力於下一場更重要的談判上。但在一場首開先例的談判中，讓步會有嚴重的後果，因為談判的結果將影響到所有後續的談判。因此，請你問問自己：一個令人滿意的協議會產生哪些後果？談判破裂又會有哪些後果？

權力如何分配？

如果一個人在一場談判中掌握了控制權，就會想要予取予求。如果一個人覺得自己能夠獲勝，就不會對自己的要求做出退讓；除非他真正的目的不在這場談判的勝利，而是著眼於其他地方。

因此，如果你對於談判夥伴明明有權力卻不貫徹要求而感到訝異，這時應該抱持懷疑的態度。

你和談判夥伴之間存在哪些共同利益？

如果你和談判夥伴之間存在更多共同利益，將更容易相互合作。因此，分析利益是成功談判策略的基本前提。

你和談判夥伴有著怎樣的私人關係？

你和談判夥伴是朋友或熟識的生意夥伴嗎？如果你曾經與對方有過多次成功的合作經驗，彼此應該已經建立了信任。只不過，人們還是得先經過磨合，才能創造充滿信任的合作。

在彼此已有互信的基礎下，即使雙方的利益相距甚遠，也可以好好進行談判。也許，在這樣的情況下會有一方自願讓步，以免危害到彼此之間的關係。可以想見的情況還有：完全放棄一項協議，以促成日後的另一場談判。與談判夥伴的良好關係，是帶有巨大風險因素的談判之基本前提。

讓我們來看看出自《華爾街日報》（*Wall Street Journal*）的範例：

> 一直以來，極有能力的行銷經理羅莎．拉薩魯斯（Rochelle Lazarus）就非常重視與客戶的私交；她並非只在負責奧美廣告集團（Ogilvy & Mather）的北美地區業務之後才這麼做。多年來，她每天中午都會與新舊客戶共進午餐，培養友誼，而且不僅限於領導階層。
>
> 在她管理過的每個企業裡（她的職業生涯前三分之一裡，曾服務於美國運通〔American Express〕），她跟每個階層與每個部門的領導團隊都很熟。她花費如此龐大的時間，在數年後總會為她所服務的公司帶來豐碩的成果。在一九九二年，她拿回了美國運通的信用卡業務廣告合約。然而，兩年後，當她憑藉自己所經營的良好關係，為公司贏得電腦大廠IBM預算高達四億

美元的廣告合約，才真的堪稱個人的重大勝利。

當然，如果沒有奧美廣告卓越的能力與無可爭議的成功做為後盾，她恐怕很難「釣上這條大魚」。不過，從ＩＢＭ公司內部的一份報告中，我們能夠看出，拉薩魯斯女士與ＩＢＭ的董事長路易斯．格斯特納（Louis V. Gerstner）及行銷副總裁艾比．柯斯塔曼（Abby Kohnstamm）在長年接觸下所培養的情誼，才是促成ＩＢＭ與奧美廣告簽訂這份合約的基礎。

逐步建立起的信任關係，顯著降低了一項新宣傳計畫的財務風險。事實上，早在格斯特納與柯斯塔曼還在美國運通服務時，拉薩魯斯女士就已經與他們建立了良好的關係。她不可能預知自己日後會在別家公司與ＩＢＭ做成一筆這麼大的生意。除了與重要談判夥伴的良好情誼所具有的重要性以外，這個例子再次強調了把眼光放遠所具有的策略性意涵。

你信任談判夥伴嗎？如果答案是否定的話，那麼在談判中就不太可能會有合作的情況。你是否享有談判夥伴的信任呢？如果答案是否定的話，那麼你該採取一些能夠建立信任的舉措。

在談判之後，你和談判夥伴該維持怎樣的關係？

你是否想要在談判之後繼續跟談判夥伴保持良好的關係？如果答案是肯定的話，你的策略必須是朝合作或至少朝妥協的方向前進。如果你在談判之後再也不想與對方有任何瓜葛，你可以向對方施壓；只不過，請你還是要記住，採取強硬的策略同樣可能在談判夥伴身上激起強硬的態度。

找出你的談判風格

如今你已經知道不同策略所具有的意義。現在的問題就是你該在自己面臨的談判中採取什麼樣的策略？專業的談判高手不僅能夠駕馭前述所有的策略，還可以令人信服地實現它們。他們可以用強勢的語氣提出要求，可以閃避，可以在部分決定上讓步，可以促成充滿信任的合作，可以達成某種妥協。

請你思考一下，在這些策略中，哪種策略與你的個性最合？相較於採取其他策略，在採取哪種策略時你會覺得更自在？每個談判者都有偏好。你的談判風格是什麼呢？你偏好強勢貫徹自己的想法（攻擊型），還是偏好避免正面交鋒（逃

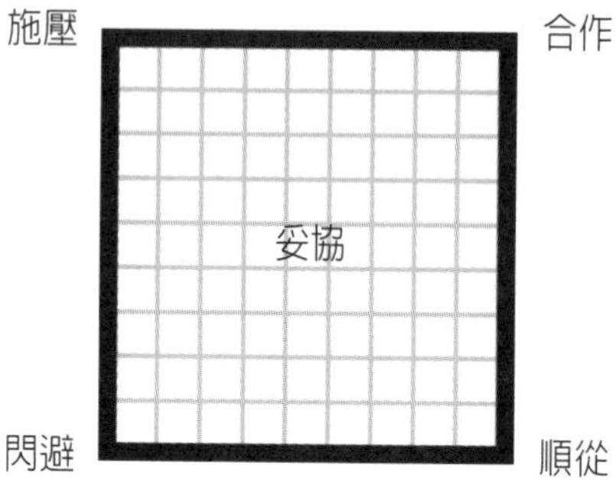

請你把自己目前的傾向標記在這個圖表中。至今為止，你比較偏向強勢或弱勢、偏向合作或不合作？在標出自己的傾向落點後，接著再標出談判目標。當你將兩個點相連，就能得出適合你的談判策略。這時候，請你也針對談判夥伴的傾向和目標做同樣的標記。那兩點的連結就代表了談判夥伴的策略。

避型）？談判夥伴又是什麼風格呢？對方會咄咄逼人，還是願意妥協？

你該問自己的下一個問題就是，憑藉個人風格，是否能夠達成談判目標？你偏好的談判策略是否眞的適合你面臨的那場談判？

請你把自己目前的傾向標記在這個圖表中。至今爲止，你比較偏向強勢或弱勢、偏向合作或不合作？在標出自己的傾向落點後，請接著在圖表中標記出談判目標。當你將兩個點相連，就能得出適合的談判策略。這時候，請你也針對談判夥伴的傾向和目標做同樣的標記。那兩點的連結就代表了談判夥伴的策略。

如果你偏好的談判策略並不適合要進行的那場談判，請你放棄個人偏好，改採用另一種談判風格。

● **想清楚以下這些問題：**

▼ **達成協議對你來說有多重要**？一個令人滿意的協議會有哪些後果？談判破裂又會有哪些後果？

▼ **你和談判夥伴之間存在哪些共同利益**？在談判的哪些點上存在共同利益？你所分析的利益愈多，就能讓談判愈容易進行。

▼ **你和談判夥伴有著怎樣的私人關係**？你信任談判夥伴嗎？如果答案是否定的話，就不太可能合作。你是否享有談判夥伴的信任？如果答案是否定的話，那麼你就該採取一些能夠建立信任的舉措。

戰術

即使只是一個擁抱，也能讓對手變得綁手綁腳。

——阿明托雷・範範尼（Amintore Fanfani）

擁抱是諸多談判戰術的其中之一。

讓我們回憶一下：「戰術」就是具體實現策略的個別行動。

在我的訓練課程上，總是喜歡把戰術比喻成一個具有許多抽屜的大型工具箱。每個抽屜裡都藏有一項工具，在需要時能拿出來使用。每項工具都代表了一種戰術，如果我有愈多能夠運用的工具（戰術），就愈能得心應手地談判。由於每場談判的實際進行過程各不相同，某項工具用在這場談判是對的，用在另一場談判或許就是錯的。因此，沒有唯一正確的戰術，只有一個你能根據實際需要動用的龐大選擇。

學會以下將要介紹的這些戰術，你就能具備兩項優勢：

- 你可以根據實際情況運用適合的戰術。請注意，不是所有戰術都適合你的

如果你有愈多能夠運用的工具（戰術），就愈能得心應手地談判。

個性及談判風格。如果你決定採取某項戰術，必須確保那項戰術可以令人信服地施加在談判夥伴身上。沒有什麼比用半吊子手法施展一個剛學會卻容易被人識破的戰術，更令人尷尬的了！因此，在某場重要的談判前，請你先在一些不重要的談判或私底下，練好準備施展的那些戰術。

● 你將可以根據談判夥伴的戰術看穿對方。請你牢記，談判夥伴也會使出某些戰術來誤導或引誘你。

戰術一：擁抱

在擁抱方面，你的和諧需求會被充分利用。

你會被談判夥伴投以午餐邀約、戲劇欣賞或其他令人心曠神怡的事物。身為談判夥伴的客人，你不能夠拒絕，這是必要的禮貌。之後在談判中，對方會要求回報；他沒有攻擊或侵略的意思，只是「請求」。在你已經受到許多餽贈或招待後，將幾乎無法拒絕這樣的「請求」。

我的談判祕訣

請從一開始就防範過度的招待或餽贈。如果受邀飲宴款待，不妨帶個不錯的伴手禮赴約。一旦你覺得自己有義務做些什麼，就會變得可被操弄。

戰術二：前例

前例是一種很受歡迎且常被使用的戰術。在這當中，過去曾經有過的類似談判會被提出：「在過去的幾次談判中，我們也得到了……」或者，其他正在進行的談判會被援引：「另一家公司願意給我們……」這項戰術很容易使用，卻也容易被看穿；不過，這不會有什麼大礙，因爲它不會造成什麼嚴重損害。

我的談判祕訣

請你據理反駁兩種情況的可比較性！這代表你要讓談判夥伴清楚知道這兩個談判不能相互比較。

從一家車商逛到另一家車商，以獲得最佳的購車條件，是購車者喜歡的一項策略。由於標的商品（汽車）完全可以比較，潛在的購車者就會立刻強調這樣的可比較性。「我想買一輛有○○特殊配備的□□。請問你能夠給我多少折扣？」如果銷售員中了對方的招，他就輸了。他將成爲削價競爭的諸多銷售員之一。這時，最好藉助一些細節來化解可比較性。銷售員可以針對對方的要求回答：「你選擇了一輛很漂亮的車子。爲何你在這項配備上不採用白色反光鏡呢？」

這時，潛在的購車者必然會好奇地問：「爲什麼白色反光鏡用在那款車上好看？」那麼對方的招數就會被化解，銷售員就能再次展開分析，重新展開諮詢對話。

如果談判夥伴援引某個前例，你不妨問對方，爲何他不在他人那裡購買呢？援引前例的舉動也讓談判夥伴顯示他有興趣與你來場談判。否則爲何他會費事跑來這裡跟你商談？

戰術三：謊言

我不會傻傻地以爲毒販和罪犯都不會說謊。過去身爲警務人員的我，在面對這些人扯謊時，一點也不會感到意外。不過，在擔任企業顧問時，我倒是相當訝異於銷售員和顧問有多常被顧客欺騙。顧客會捏造拿來當成對比的虛假交易，做爲談判的籌碼。銷售員會被騙說，某項商品在另一位競爭者那裡賣得比較便宜。在經過一番調查後，人們才會發現這一切根本就是謊言。

如果你相信這麼一位「夥伴」，然後中了對方的計，你就慘了。因為你會根據事實來談判，並且洩露自己的底限。當你表示，自己絕對無法以低於某個價格的售價販賣某項商品，這將順了那位顧客的意。他不會在你這裡購買，而是轉往他處，到你的競爭者那裡碰碰運氣。這時他已知道底限，會把這項資訊應用在下一場談判中。

我的談判祕訣

你可以容許談判夥伴提出「拿來當成對比的虛假交易」，不過切勿完全相信談判夥伴。你不妨向對方表示，對方當然值得信賴，只不過從前其他的談判夥伴曾經帶給你不好的經驗。

戰術四：承諾

承諾只對相信它們的人具有約束力。

——賈給．席哈克（Jacques René Chirac）

比說謊更扣人心弦的是「承諾」。過去我在從事警務工作時，談判夥伴往往會十分慷慨地做出承諾。對於那些人們曾經在過程中對天發誓的談判，如今我都還記憶猶新。我並不氣這些人，畢竟他們當時全都處在高度受迫的情況下，或是受到毒品的影響，根本搞不清楚狀況。

我的談判祕訣

- 如果有人向你承諾什麼，你最好對那些承諾保持小心謹慎的態度。你可以信任談判夥伴，但也要留心對方是否遵守承諾。請你牢記這句箴言：能夠信任很好，能夠掌控會更好。

● 對於真相與承諾，你該採取怎樣的態度呢？關於真相，我有個不錯的忠告：「我們所說的一切都應該是真實的；但並非所有真實的事情，我們都應該說。」

在承諾方面，我建議你要格外小心。請你問自己，是否眞有必要做出一項承諾。你做出願意竭盡所能促成某件事情的允諾，多半就足夠了。當你給出一項承諾時，必須遵守那項承諾。如果你無法遵守承諾（即便不是你的錯），就會失去談判夥伴的信賴；而這樣的不信賴完全是合理的。

戰術五：取中間值

許多人都有取中間值的偏好。中間值會被視爲雙方平分，從而讓人覺得公平。然而，這種偏好很容易被人利用。譬如，你提出了一個算是公平的交易價格，但是談判夥伴卻開出了一個遠遠脫離現實的價格，試圖迫使你以兩者的中間值成交。

舉例來說，你希望以三百歐元成交，最多只願降價到兩百五十歐元。你的談判夥伴居然提出一百歐元的成交建議，等著看你的反應。你聽了這樣的價格，差點沒從椅子上跌倒在地。於是對方表示：「那我們各讓一步，取中間值，這樣應該可以算公平！」這時候，談判來到了兩百歐元，如果你想要提出更高的價格，就會被認為是不肯妥協。

這項戰術之所以陰險，無非是因為我們不喜歡被人扣上不公平的帽子。

我的談判祕訣

- 問問自己，為何該折衷取中間值？沒有任何合理的理由可以證明，為何取中間值才是對的。中間值總是落在兩點之間，其中的一點則是由你的談判夥伴所決定。那樣的決定沒有任何真實的憑據，只是單純出於戰術的理由。

● 不要掉入這樣的遊戲裡，應該質疑談判夥伴提出的建議：「請問你如何得出一百歐元的價格？」請勿在這樣的建議上引狼入室，否則談判就會落入對方的盤算中。

戰術六：奉承

在談判中，「給予認可」是一項重要的因素。我們會對所有的認可感到高興，而我們也該保持這樣的態度。只不過，如果對方認可的話說過了頭，你受到阿諛奉承，還是要當心。富有魅力的談判夥伴的微笑，一語雙關的灌迷湯，這些或許都讓你有感。有些人對於這些刺激十分敏感，很容易受到它們的影響。

我的談判祕訣

- 抗拒這些刺激或誘惑，隨時提醒自己，自己當下的身分是個談判者。
- 微笑的背後不一定藏有邪惡的企圖，然而，萬一對方笑裡藏刀，而你卻誤入陷阱，那麼你恐怕會輸掉整場談判。

戰術七：扮黑白臉

我曾在許多談判指南中讀到關於扮演好警察和壞警察（扮黑白臉）的故事。雖然那些作者或許沒有真正參與過警方的審訊，不過這項談判技巧卻被描述成警方的辦案方法。

● 案例說明

「扮演好警察和壞警察」（扮黑白臉）這項技巧確實會被用在審訊中，不過都是針對比較輕微的犯罪行為；例如一位十八歲的單車竊犯首次被警方盤問，就適合使用這種方法。

這時，嫌犯會被兩名員警針對事件進行詢問。嫌犯「必須」在警察面前做個人身分的陳述。至於事實（犯罪行為的事件經過），他「可以」陳述，也可以拒絕陳述，而且可以與律師商議。

當一名嫌犯針對事件進行了陳述，其中一位員警就會扮起壞警察（黑臉）的角色。這個壞警察不會相信，而且會提出種種理由來質疑嫌犯的陳述。他會明白告訴嫌犯，這樣的說法完全行不通，肯定會在檢察官面前出洋相。有時扮黑臉的員警也會怒斥嫌犯，指責嫌犯根本謊話連篇。在演完這一場戲後，扮黑臉的員警就會離開，讓扮白臉的好警察接手登場。

扮白臉的員警會表現得像是嫌犯的朋友，並向嫌犯表示自己會提供協助，不過，在壞警察回來之前，嫌犯得先告訴他到底是怎麼回事，這樣他才能設法幫助對方。如果嫌犯著了這場秀的道，也許就會吐露實情。又或者，嫌犯為了脫身會先說點什麼，之後再把自己的陳述完全推翻。

這種對話技巧確實只在輕微的犯行中才會起作用。那些犯罪的行家當然不會落入這種圈套裡。

不過，人們喜歡把這種戰術的變體應用在其他談判。在這種變體中，人們會試著以朋友的面貌幫助談判夥伴。

我的談判祕訣

請勿陷入這樣的把戲，你應該迅速且明確地表示，你已經看穿了這樣的手法。

戰術八：座位安排

藉由座位的安排，你的談判夥伴能對接下來的談判發揮影響。

●範例

在康拉德．艾德諾（Konrad Adenauer）首次以德國總理的身分訪問法國時，曾被嚴格要求必須遵守議定的禮儀。法國外交官向德國代表團詳細規定了康拉德．艾德諾要如何走到哪裡、站在哪裡。在法國元首歡迎他來訪時，他得先站在一張巨大圓形地毯的邊緣，直到法國元首過來迎接他。這樣的象徵性完全顯露出議定禮儀的意圖。法國元首站在一張巨大圓形地毯的中央，等待德國總理步入迎賓場地，之後艾德諾得一直站在那張地毯的邊緣。

康拉德．艾德諾當然知道議定的禮儀。然而，在他步入迎賓場地後，卻不在地毯的邊緣站定，而是堅定地走往地毯中央，向法國元首問候。法國元首明顯流露出訝異的神情，而此舉也讓他見識到德國總理並不是以戰敗者或求助者的身分前來法國，而是平起平坐、共創未來的政治夥伴。

這樣的座位安排凸顯談判夥伴的「相互對立」。

這樣的座位安排可以緩和對立，就連桌子的形狀也會影響溝通。

我的談判祕訣

● 你的舉止應該向艾德諾看齊。你可能會因為座位的安排，被置於一個不利於你的境地。舉例來說，談判夥伴坐在巨型桃花心木辦公桌後面，你則被安排坐在桌前的一張折疊椅上；這時對方是否想要展現他的強勢地位呢？你可以根據實際情況決定要客隨主便，接受對方為你安排的座位，或者要放棄那個座位，請求對方提供另一個座位。單單透過這樣的舉止，你就能明白地表達出，你不會對談判夥伴的所有提議照單全收。

● 請注意，座位安排可以讓一場談判變得十分容易，也可以讓一場談判變得困難重重。

● 關於步入空間的心理祕訣

當你步入一個空間時，請不要立刻走到那個空間裡，不妨在進門兩步後站定。請你暫時停下腳步，就地向談判夥伴打招呼，不要再繼續走向對方。這時談判夥伴多半會起身朝你走來。如此一來，他就離開了「寶座」，你就能以對等的姿態問候對方。

戰術九：訴諸更高的權威

當你的談判夥伴不想答應某項要求時，可能會訴諸於某個更高的權威。他會告訴你，他還得徵詢老闆、營業主任或律師的意見。人類是「群居動物」，很能適應存在於社會裡的種種角色。群體結構促使我們認可階級制度，也促使我們不會反對它。

關於服從權威的想法，有個令人震撼的例子，那就是史丹利．米爾格蘭（Stanley Milgram）教授在一九七四年時所做的「米爾格蘭實驗」（Milgram experiment）。

史丹利．米爾格蘭在某份報紙上刊登了徵求記憶研究受試者的廣告。許多看到廣告的讀者踴躍報名參加。米爾格蘭教授請他們前來大學進行將近一個小時的實驗。那裡有兩個年輕人接待他們，其中一位自稱是研究負責人，他身著白色長袍，手裡拿著一塊筆記板，從外表上看起來像專業人士，讓人不疑有他。

這位負責人告訴報名者，他將實驗做了一點調整，現在不需要報名者充當受試者，而是需要他們擔任實驗的工作人員。接著他指出某個房間裡有位受試者坐在一張椅子上，而且他身上連接了無數的電線。實驗負責人告訴他的「新同事」，接下來「新同事」要做的工作就是電擊那位受試者。他告訴對方，他們要研究的是人類在外部因素影響下的專注能力。

「新同事」先從施放微弱的電流開始，在施行電擊時，他們可以看到並聽到受試者遭受電擊的痛苦情狀。受試者必須回答一些問題，每次回答錯誤就會遭到電擊的處罰，而每次受罰後就會進一步提高電擊的強度。受試者遭到虐待所表現出的痛苦，雖然全被「新同事」看在眼裡，但他們還是得繼續執行自己被賦予的電擊工作。

在受試者大聲呼救時，「新同事」不禁會詢問實驗負責人，自己是否能夠停止電擊受試者的工作。實驗負責人不僅表示反對，還命令對方繼續進行。於是「新同事」只好繼續，直到受試者被電到昏過去。這項實驗曾被多次進行。所有四十位「新同事」都能做到一半強度的電擊（這時受試者已會大呼痛苦）。其中更有三分之二的人，可以一直進行到受試者被電擊到失去意識。

自願參與實驗的那些人事後都承認，自己對於被交付的任務感到很害怕。然而，由於實驗負責人下令對於受試者實施電擊，他們就奉命行事地完成指令。順道一提，這些「新同事」根本就不知道那位實驗負責人究竟是不是一位權威學者。報紙廣告、電話訪談與白色長袍，消除了「新同事」的所有疑慮。

至於那位受試者，其實是一名演員；就連遭受電擊的痛苦反應，也都是演出來的。只不過，這一切都沒被發現；「新同事」始終以為自己真的在折磨一個人。在整個過程中，他們自己也感到痛苦，但無論如何，最後還是「奉命行事」。

「米爾格蘭實驗」震驚了許多專家學者。沒有人認為人類可以服從權威到這種程度。這項實驗原本是一項針對德國所做研究的前導實驗。米爾格蘭教授希望能在德國找出，為何德國人在納粹時期會執行種種駭人聽聞命令的原因。

後來那項研究沒在德國進行，因為在美國進行的這項實驗，已經具有足夠的說服力了。

過去，我在擔任警務人員時，在談判工作中也學到了如何善用更高權威的作用。如果我想爭取時間，就會搬出上司、行動指揮官、檢察官或法官。我會說，能否履行那些要求，我沒辦法做主。雖然我在某些事情可以做主，不過爲了達到某些目的，還是會故意訴諸更高的權威。

我會表示，事情必須得到行動指揮官的首肯，以此來向談判夥伴施壓。這時對方既不能攻擊我，也不能要求讓事情進行得快一點。令人訝異的是，這個招數總能奏效。當你在進行談判時，若談判夥伴表示他恐怕無法說服老闆答應某項要求，可能就是想要向你施壓。這種方法的耐人尋味之處，就是談判夥伴一下子變成跟你是「同一國」的，更高的權威則成了你們所要對抗的「邪惡的一方」。如果你中了這樣的計，談判夥伴就會進一步把自己包裝成是你的「朋友」，迷惑你與他共同對抗那位他用來欺騙你的「高層」。

我的談判祕訣

如果談判夥伴訴諸某個更高的權威，請你詢問對方：「如果我親自向○○（更高的權威）說明這件事情，你覺得如何？」也許對方就會退讓，最終還是自行決定。無論如何，對方會認識到你是專業談判者。

戰術十：掌控時間

在音樂中，最必要、最硬性且最重要的事情，就是節奏。

——莫札特（Wolfgang Amadeus Mozart）

在談判中，節奏也是一項重要因素。一位專業談判者會試圖把你塞進他的時間規畫中。他會爲你設定時間框架，藉此取得談判的主導權。

●由你決定一項主題要談多久

談判就像在跳探戈。男士引領著女士，決定節奏與身段，也就是舞蹈的內容。在談判中，你應該扮演男士的角色，藉由強而有力的引導，讓談判夥伴隨時感覺到你掌握了全局。

這不代表你必須一直牽著對方的鼻子走。你得賦予對方一些他能發揮的空間。在跳探戈時，女舞者也會自我發揮，展現自己的才能。她們舞出自己的身段，讓男舞者與觀眾都看見她們能跳得多棒。一旦她們揮灑得太過自由，危及整段舞蹈的動態與和諧，男舞者就會再次加強引領的力度，直到自己又能「掌控全局」，才會再賦予舞伴揮灑的空間。

談判的情況也與此類似。你引領著談判夥伴完成談判。在分析階段裡，你給予對方空間，他可以進行陳述及回答你的提問。如果對方過分離題，你可以藉助針對性的問題把他拉回主軸上。隨著時間的經過，你的引領愈來愈緊，你決定何時暫停或休息、限制談判時間、將談判延期。

如果你不掌握主導權，就會遇到和跳探戈一樣的情形：主導權就會落在你的舞伴手裡。

●由你決定時間如何分配較有利

實際上有多少時間可以使用，是一個重要的問題。你可以根據自己的意願為談判設定時間。

刻意縮短時間是一個頗受歡迎的戰術。舉例來說，你的談判夥伴為一場原定為兩個小時的談判積極做準備，但是你「很抱歉地」遲了一個小時才到場，而且接下來還有一個十分重要的約會，不得不提早走人，這時談判夥伴只好被迫在將近一個小時的時間內達成一項協議。

●由你決定何時延期較有利

如果你認爲改到比較晚的時間，會有比較好的談判籌碼，那麼這項戰術對你很有幫助。只不過，你得先給談判夥伴一個延期的理由。也許是因爲你得到了一份新的鑑定報告、也許是因爲報章雜誌報導了什麼重要消息、也許是因爲你需要召集一個工作小組。當我不知道該用什麼理由時，就會說需要召集一個工作小組。在這方面，你不妨無拘無束地發揮自己的想像力。不過，切記，不能太常使用這項戰術，否則你會失去他人的信任。

我的談判祕訣

- 從一開始就要防範談判夥伴在時間上所設的框架。
- 技巧性地據理規定一項主題要談多久、時間如何分配較有利、何時延期較有利，以便在時間上掌握主導權。

你也能在法庭上學習各種策略與戰術。你可以用旁聽者的身分分析檢察官與辯護律師的攻防。

我曾經以證人身分在法庭上度過許多時間。聆聽審訊與辯護，是學習談判策略與談判戰術非常好的教材。在我做完供述後，往往會繼續待在法庭裡，聽聽看我的陳述會被如何處理。如果我的陳述最後在判決裡被採納，就證明那些陳述是合理且具有說服力的。不同的檢察官與辯護律師所採取的種種策略，也很耐人尋味。在我經常受邀擔任證人後，多半會遇到相同的檢察官，有機會多次分析他們的手法。在法庭的攻防上，人們很容易看出哪一方做了比較好的準備。做好充分準備的律師不僅可以提出很好的證據，還能爲當事人的行爲做出十分合情合理的辯駁。

這裡提供一個私房祕訣：去旁聽法庭上的攻防！法庭的審判過程是公開的，每個人都能旁聽。在法庭的入口處多半都會有一張排定審理案件的一覽表。你可以向警衛詢問一下。個別的案件都會註記所涉及的犯行究竟是閉門或公開審理。涉及到兒童、青少年或性犯罪的案件，原則上都會閉門審理。諸如酒駕之類的交通違法案件，往往都很無聊。比較有意思的是身體傷害之類的暴力犯罪行爲，或

請你把自己放在法官的位置上，思考一下，你會做出什麼判決？
哪些策略、戰術和論證比較能夠取信於人？

是所有與販毒有關的案件；因爲在這類案件中，雙方有比較多的操作空間，也會小心翼翼地規畫訴訟的策略。

請你仔細觀察檢察官與辯護律師的戰術

請你在訴訟的過程中，仔細觀察檢察官與辯護律師的表述。請你留心一項策略是如何被「建構」起來、哪些論據又是在何時被提出。

你將會看出誰比較有備而來。請你也分析一下雙方如何舉證；在此過程中，你不妨把自己當成是負責判案的法官。

請你留心哪些論證具有說服力，哪些論證則否。或許你會在檢察官或律師的攻防中見到自己的某些談判行爲。

困境談判祕訣

法庭的案件審理是可以用來訓練談判技巧的好教材，實用又不花錢。你不妨善用這方面的資源，藉以精進自己的談判技巧。

法則3

藉助正確的論述說服對方

用最簡單的方式表達最困難的事情，就是素質高人一等的明證。

——拉爾夫・沃爾多・愛默生（Ralph Waldo Emerson）

在你擁有了專業的策略與戰術後，可以展開眞正的談判。現在的問題是，誰該先陳述自己的立場，誰比較具有優勢，是先聲奪人的人，還是後發先至的人？

談判中的論述

- 先讓談判夥伴暢所欲言
- 談論對談判夥伴有好處的事
- 針對一個目標區而非目標點談判
- 盡可能少提出論述
- 首先提出最強而有力的論述
- 說談判夥伴所說的語言
- 利用充滿感情的言語說服談判夥伴
- 引用談判夥伴的論述
- 聚焦於談判夥伴最弱的論述
- 凸顯論述重要性而非正確性

● 只說你想說的
● 如果你沒有什麼該說的，就什麼都別說。

先讓談判夥伴暢所欲言

請你善用談判夥伴在展開談判時會高漲的緊張情緒以及會有的壓力，讓對方先陳述自己的立場。

讓對方暢所欲言，藉以了解與分析對方的立場和動機。由此可以看穿談判夥伴的思考方式與感受方式。如果你想改變這些，就得先了解它們。

請你把好勝心擺在一旁，當一個聆聽者

你的談判夥伴開始表達自己的立場時，往往都會說得非常詳盡。對於他的每個立場，你都會忍不住想到一個反對立場。我在〈法則1：分析你的談判夥伴〉中曾指出，這時我們的腦袋會惡作劇，往往會把自己關閉起來，不再繼續仔細聆聽談判夥伴的詳細陳述。我們會開始思考如何給予那項立場最好的反擊。我們會思索反對的論述，並在思緒中將它們構築出來。問題是，當對方還在陳述時，我們卻忙著構思自己的反對策略；這代表我們不再繼續傾聽。

你的談判夥伴會有意無意地發覺這一點，並且尋思著：「這傢伙根本就沒有聽懂，這下子我還得再講一遍！」於是他就重新表達自己的立場。這時，你或許會認爲怎麼從頭到尾都是對方在講，你根本完全沒有機會發言，於是又急急忙忙地想在談判中表達自己的立場。

請你在對方報告時專心聆聽

讓談判夥伴暢所欲言的過程中，你也要專心傾聽。不妨詢問對方，現在你是否能記錄要點。這個舉動能讓對方感覺到你眞的對他所述的內容感興趣。請你盡量不要打斷對方，即便你已有問題想要提出來。當對方完成自己的陳述時，請你友好且禮貌地向對方表達謝意。這聽起來或許有點誇張，但其實很少人會這麼做；就連所謂的高層也經常忘記爲此向人表達謝意。

請你緊接著總結對方的論述，請求對方覆核你的總結的正確性。你不妨在提出總結前先表示：「爲了確保我正確理解你的陳述，我做了整理。對你而言，重要的是……」在對方向你表示肯定之後，你就能開始陳述自己的立場。

藉由積極的傾聽，你可以展現自己的認真態度與專業性。我認識的所有談判行家都是卓越的傾聽者。他們會盡可能長久按捺自己的意見。因此，請你務必專心傾聽，把握這個機會，在談判之初就開始分析談判夥伴並贏得對方的敬重。

●範例

假設你想賣掉一輛新車，有位顧客就坐在你面前。這時，應該先由銷售員報價，還是先由顧客要求一個多少百分比的折扣？

讓我們來觀察一下賣方的思路：他一方面想把車子賣個好價錢，一方面也害怕顧客會跑去別的車商那裡買車。他在腦袋裡盤算著一個適合的售價。如果一開始給的折扣過少，也許顧客會失望地起身離開這家車商。反之，如果他給的折扣過多，無異於自願放棄一大筆佣金。

請你先讓談判夥伴表明自己的立場，藉此找出談判夥伴站在什麼位置上。

談論對談判夥伴有好處的事

你的目的是與談判夥伴共同達成一個令雙方都滿意的協議。唯有你的談判夥伴能在協議中看到對於個人或所屬企業的好處，這樣的協議才有可能達成。請你別讓對方花很多時間苦苦尋找有益於他的好處，你應該明白地與對方溝通，爲何某個解答有益於他。在這當中，請你清楚區分「優點」與「好處」。「優點」是普遍適用，「好處」總是屬於個人。

●範例

讓我們以「可口可樂」為例，它提供了怎樣的優點和好處？它是一種具有「含咖啡因」這項優點的飲料。唯有當某項產品或某個立場在別的產品或立場襯托下顯得格外突出，才會具有某種優點。由於只有非常少數的冷飲含有咖啡因，可口可樂因此與其他汽水有所不同。你喝可口可樂嗎？如果是的話，那麼可口可樂對你就有好處。你利用可口可樂，再度變得精神奕奕。如果你從來不喝可口可樂，也不會得到可口可樂的任何好處。也就是說，「優點」是客觀的，是衆所共見的；而「好處」則是個人的。因此，請你告訴談判夥伴，你能提供怎樣的優點「和」怎樣的好處。

讓我們再次回到前述賣車的例子。銷售員說明了汽車的配備。他告訴顧客那輛汽車配有「防鎖死煞車系統」（ABS）。顧客覺得防鎖死煞車系統是很棒的功能。他聽到了一項「優點」，但還不知道任何「好處」。防鎖死煞車系統的好處，就在於駕駛人在危急情況下能控制車輛，全家人的行車安全也獲得了保障。銷售員得要告訴對方：

「這輛汽車配有防鎖死煞車系統，『它能』保障你和太太及小孩的行車安全。」而「它能」一詞就是一個清楚的好處提示。

買家總是希望從某項商品中獲得好處

顧客購買一項商品的目的，其實是爲了商品的效用。當你買了一台新的吸塵器，並不是因爲非常喜歡吸塵器才去買它，而是因爲它能讓你在打掃上更方便。當你買了一份退休金保險，想要的不是任何保險，而是那份保險能在你上了年紀時爲你提供一份保障。當你買了一件褲子，不是因爲你沒有褲子穿才去買它，而是它能讓你穿得更舒適或更好看。

當你在陳述自己的談判立場時，請明白表達你的論述以及對於談判夥伴所具有的好處，讓談判夥伴知道爲何達成某些協議有益於他。

針對一個目標區而非目標點談判

當你表述了自己的立場，已經將有益於顧客的好處點出後，切勿陷入極化立場的危險情境中。當兩個談判立場似乎處於無法彌合的對立時，就會出現極化的問題。

請你避免極化立場

車商的銷售員不願意給予任何折扣，而顧客要求一〇%的折扣；這是兩個相互對立的立場。這時，如果兩位談判夥伴沒有人願意讓步，談判就會在立場不一致下觸礁。兩個談判門外漢或許會在五%的折扣上達成一致，但最終沒人對於談判結果感到滿意。

這兩個談判者可以怎麼做，好讓整場談判在令人滿意的協議中劃下句點呢？

在他們爲如何分配而爭吵前，可以先烤出一塊更大的蛋糕！爲了能夠烤出蛋糕，

在談判夥伴知道他們的立場與動機後，
就能著手進行「蛋糕的烘焙與分配」。

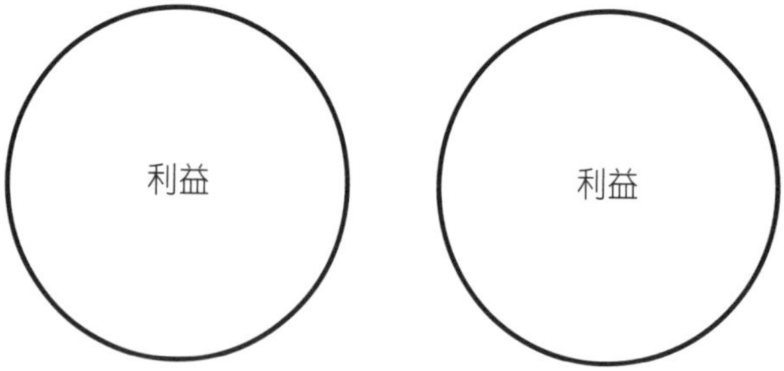

銷售員與顧客具有不同的利益。

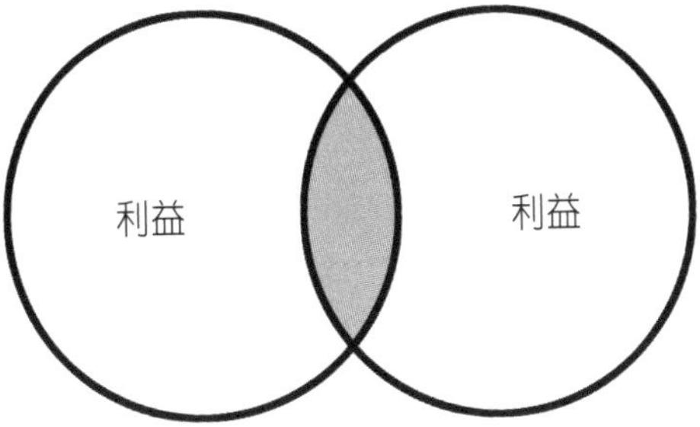

專注於共同點。

人們需要一些材料。有了正確的材料，就能烤出一塊可以分配的更大蛋糕。

顧客具有怎樣的利益？

他會使用這輛車子三年，在這段期間會有一些相應的支出，例如，至少得把車子開回車廠保養三次、至少需要用到三次替代車輛、需要購買一組冬季輪胎、必須做一次驗車、想要加裝導航系統、必須購買一個較大的兒童安全座椅。也許他開了這輛車子一年後就把它折價出售，用換來的錢再去買一輛新車，在後兩年裡開一輛更新的車……

銷售員有怎樣的利益？

他想把車子賣出去。爲此，他可以調降售價，可以附贈腳踏墊，可以用優惠的價格出租替代車輛，可以幫忙介紹不錯的二手車商……

談判的重心應擺在雙方的共同點

請你別再執著於對立的立場，應該聚焦於共同點。

銷售員當然希望顧客將來可以回到這裡做車輛保養的服務。他也會提供替代車輛供車主代步。車輛保養的服務與替代車輛，相較於對顧客，其實對車商更有利。一次車輛保養的服務，顧客或許得花上兩百五十歐元，車商卻只要付出一百歐元的成本。

三次車輛保養的服務，顧客得要花上七百五十歐元，車商卻只要付出三百歐元的成本。這些考量對於之後的價格磋商十分重要。

這時，談判進入具體的細節。你最好記下彼此的共同點，一再確認彼此在這些點上存在共同利益。因此，一位優秀的汽車銷售員會記錄：

● 雙方都想做成買賣一輛新車的交易。

- 車輛保養服務應該由我們的車廠來做。
- 在車輛保養期間應該提供一輛出租車。
- 我們現在已經可以討論冬季輪胎的價格。
- 驗車應該在我們這裡做。
- 之後應該加裝導航系統。
- 需要一張兒童安全座椅。

這是一些可以開始進行談判的共同點；這時候的談判條件當然已經比對立的立場要好上許多。

請你「烤一塊大蛋糕」

藉由這樣的方式，人們就能烤出一塊更大的、可以分配的蛋糕。如果顧客用三％的折扣購得新車，還獲得一次半價的車輛保養服務、免費的代步車出借、以成本價購買冬季輪胎，那麼他確實做了一筆相當不錯的交易。至於，兒童安全座椅，或許你可以把某部展示車上的樣品拿來便宜賣給顧客。對於顧客來說，你所給予的價值會多過顧客最終可能在妥協下勉強接受的五％折扣。

顧客為了回報，不堅持立即交車，還推薦了其他三名顧客。如此一來，兩邊共同促成了一個雙贏的局面，雙方都獲得一個大蛋糕的其中一大塊。

留心互惠原則

或許你曾在數學課學過互補性；互補意味著彼此交互補償。如果事涉分配，基於兩項理由，你該運用這種原則：第一，不要讓自己付出太多；第二，讓談判夥伴知道你不會白給什麼。

如果銷售員滿足顧客的種種要求，例如給予五％的折扣，還贈送第一次的車輛保養服務，更答應免費出借代步車，完全不要求任何回報，這會讓他顯得不可靠。顧客會覺得，自己或許還能在這場談判中得到更多。你想給多少都隨你的意；只不過，前提必須是你的給予有所回報。

盡可能少提出論述

斯巴達人對做了一場長篇大論的薩摩斯島使者表示：「我們已經忘了開頭，所以也聽不懂結尾。」

——根據普魯塔克（Plutarch）所述

論述唯一的作用就是說服談判夥伴；它不是用來消遣的。

請你把重心擺在說服談判夥伴上

在我參與過的許多談判中，經常會發現一旦終於有人專心聆聽談判者講話，他們就會顯得樂在其中。在這種情況下，個人與企業的自我表現成了重點。如果談判夥伴在這之後繼續傾聽，種種論述就會被談判者滔滔不絕地說出；雜亂無章、毫無結構。

然而，談判愈困難，論述就必須愈精確。因爲你的談判夥伴應該處在高度的壓力下，他的吸收能力也會因而打折扣。

首先提出最強而有力的論述

請你如編劇般規畫談判的進行

你應該如同一場戲劇表演的編劇手法那樣建構論述。請你用第一句話把談判引往你所希望的方向。接著提出你的問題，然後等待。這是進行分析的時機。在

請你先提出最強的論述，接著再提出次強的論述。

談判夥伴陳述自己的立場與動機後，你可以開始自己的論述。你可以藉助刻意安排的休息或暫停來創造戲劇效果。請你利用暫停或休息製造懸疑感，再將第一項論述搬上舞台。

請你安排暫停或休息

你需要多少論述？

真正的雄辯在於只說出事情本身。

——法蘭索瓦・德・拉羅希福可公爵

（François de La Rochefoucauld）

你究竟需要多少論述？這個問題取決於談判的複雜

性。不過，在大多數的談判裡，三個論述就已經足夠。三個擲地有聲的論述，強過十個東拉西扯的雜談。請你在準備時寫下所有論述，然後衡量它們的輕重，從中選出最重要的三項，再根據以下方式將它們排序：

請你揀選自己的論述

1. 最重要的論述
2. 最不重要的論述
3. 次重要的論述

首先提出的論述必須是你最強的論述，如此可以爲接下來的談判一錘定音。這時人們的專注程度是最高的，因而這些論述有定調的效果。

請你聚焦於這項最強的論述，以理所當然的姿態將它提出來。在談判的過程中，你也應該一再重申這項論述，讓它如同廣告信息那樣被人牢記。

我的一位客戶曾經帶著這項戰術前往美國，報告他提供的服務所具有的好處；那關乎一筆金額高達千萬美元的投資。他在談判過程中不斷重申自己的主要論述，直到談判夥伴笑著對他說：「好，我懂了。」然而，若是你要取得這樣的贊同，就必須一直將自己最重要的論述融入事實陳述中，並且不斷以推陳出新的方式表達。在過程中，你不該表現出自以爲高人一等的態度，這一點不言而喻。

自上古時代起，人們就已經知道演說的開頭與結尾最能讓聽衆留下印象。在一場談判中也是如此。

你是否看了或聽了昨晚的新聞報導？你現在還能記得昨晚的哪些新聞？我敢跟你打賭，絕對是最初與最終所播報的那些新聞。或許這就是爲什麼主播在問候觀衆「前」要先來一段新聞重點提要，而天氣預報必須與新聞報導分開；否則觀衆恐怕就只記得主播的問候和天氣預報了。

說談判夥伴所說的語言

在困難的談判中，絕大多數的人都會感到不安。然而，我們無論如何都不希望顯露不安。我們寧可壓抑它，或是退避到自己的能力範圍內。以專業人士的面貌出現、使用專業術語或行話、引述專業圈裡的意見，這些舉動最能讓我們展現自己的能力。

請你說對方聽得懂的話

我曾經受邀參加一場座談會。如今我已經記不得那場座談會所討論的主題了；不過，對於個別與會者的談話行爲，至今還記憶猶新。某些與會者會用一些外語來支持自己的論述。我的小筆記本裡還留下當時記錄的諸如interaction、implicit、reactance等外語。

過了幾分鐘後，我就用「你的『互動』『含有』某種帶有攻擊性的『反作用力』」這句話來攻擊某位與會者。一如我所預期，沒有任何與會者有反應，全場突然安靜了下來。沒有人願意承認自己並不明白這句話是什麼意思；實際上，這句話根本沒什麼意義。

同樣的情況可能發生在你的談判夥伴身上；他也許不懂你在說什麼，卻不肯承認。最後他不禮貌地拒絕了一項協議，因爲你無法說服他。

運用充滿感情的言語說服談判夥伴

言語是詩人的武器。

——歌德（Johann Wolfgang von Goethe）

最近有什麼廣告令你印象深刻呢？洗衣粉、跑車、香菸、化妝品——你剛剛想到的是什麼廣告呢？你想到的是成功喚起了某些情感的廣告，你被激起了某些情感的廣告說服，你會去購買那些透過情感說服你的商品。

所以，請你不要只是談論一些冷冰冰的數字、資料、事實，也要談一些熱呼呼的情感，讓自己的論述充滿感情。你在分析的過程中會了解談判夥伴有怎樣的動機。你應該對此做出反應，並以充滿感情的方式描述它們。

舉例來說，如果你想收購某個企業，正與業主陷入一場艱困的談判中，光憑數字、資料和事實，你很難取得進展。不妨談談對方的企業、成就和畢生事業。請你鮮活地描述對方的畢生事業，也要鮮活地描述此事業在你的領導下會如何繼續發展下去。

引用談判夥伴的論述

請你引用並深化談判夥伴的論述。如此一來，對方會感受到你確實在傾聽，確實對他的論述感興趣。請你將對方的論述與你的論述結合成一個共同的解答。藉由技巧性地結合，你可以操控論述的重要性，將它們引導到有利於你的方向。

聚焦於談判夥伴最弱的論述

笨拙的談判者會對你提出一大堆論述。除了好的論述以外，他們連一些不重要的論述也統統搬上檯面。假設你的談判夥伴提出了五項論述，第一項論述是最好的論述，最後一項論述是最差的論述。這時你可以引述最後一項論述，並且聚焦於這項論述上。你可以輕易地讓一項薄弱的論述栽跟頭；不過，請稍安勿躁。請刻意藉由這項論述延長談判，一直到時機成熟爲止。

盡全力凸顯這項糟糕論述的重要性。你不妨告訴對方，他是多麼專業的談判者，又多麼正確地認識到那項論述的重要性。

一旦大家都同意那項論述確實特別重要，你就該出手反駁它。這一招厲害的地方，在於對方原本很好的論述會突然間被丟到桌子底下，再也不會被拿上檯面來談判。這種方法在歷時數週的談判往往行不通；不過，在一次性會面的談判，倒是能發揮很好的效果。

凸顯論述的重要性而非正確性

比起根據自己的信念而活，更難的是不把它們強加於他人身上。

——馬塞爾．普魯斯特（Marcel Proust）

請你告訴談判夥伴，為何你的論述之一對於達成令人滿意的協議如此重要。請你別闡釋為何那項論述是對的，還有為何你是對的。請勿老王賣瓜地評價自己的論述是「正確的」、「公平的」、「有益達成目標的」；因為相形之下，談判夥伴的論述就會顯得是「錯誤的」、「不公平的」、「妨礙達成目標的」。在這樣的情況下，如果談判夥伴採取一種封閉的態度與你對峙，而不是敞開心胸與你共同尋求一項協議，這是很正常的。

只說你想說的

請你在談判前先考慮自己想說什麼，之後也只說你想說的。老練的談判者會讓你覺得「聆聽你說話是一種多麼大的享受」。對方興味濃厚的提問與肯定的評論，會促使你說出原本不打算說的某些話。我們很難抗拒他人的肯定，很容易落入這樣的陷阱。在這樣的情況下，我們會說得比原本所計畫的更多，談判夥伴就能藉此獲得他想要的資訊。

如果你沒有什麼該說的，就什麼都別說。

一個老練的談判者會在論述時善用停頓，讓你忍不住開始說起話來。他會藉助一個親切的表情或輕輕地點個頭，讓你在停頓中開始發言。請你保持冷靜，不要落入這種老掉牙的圈套。請你只在自己想說的時候才發言。

我的談判祕訣

- 把自己的好勝心擺在一旁，先當一個傾聽者。
- 讓談判夥伴暢所欲言；在這個過程中，你要積極傾聽。
- 記錄談判夥伴的論述要點。
- 對於對方所做的立場陳述，向對方表達謝意。
- 請你總結對方的論述，並請對方覆核總結的正確性。
- 告知談判夥伴有益於他的好處。

- 尋找並寫下雙方的共同點。
- 針對共同點進行談判。
- 留心互惠原則。
- 論述唯一的作用就是說服談判夥伴；它不是用來消遣的。
- 你應該如同一場戲劇表演的編劇手法那樣預先建構論述。
- 選出自己最重要的三項論述，再根據以下方式排序：
  1. 最重要的論述
  2. 最不重要的論述
  3. 次重要的論述
- 留心自己是否聽懂對方的陳述。切勿躲避於沉默中。
- 運用充滿感情的方式表達論述，藉此說服談判夥伴。
- 引用談判夥伴的論述。
- **困境談判祕訣**：請你針對對方最弱的論述施展自己的戰術。
- 凸顯你的論述重要性而非正確性。
- **請牢記**：只說你想說的；如果你沒有什麼該說的，就什麼都別說。

法則4

在談判中取得主導權

在你憤怒時，請先數到十再開口說話。在你非常憤怒時，請你先數到一百。

——湯瑪斯・傑佛遜（Thomas Jefferson）

壓力在談判中所造成的影響十分重要。在本章，你將獲得以下這些主題的重要知識：

- 壓力對你的能力所造成的影響
- 認識壓力並善用它們
- 登上看台
- 避開本能陷阱
- 當你遭到攻擊時，不要做出反應
- 別在談判夥伴的舉動下工夫，要在自己的反應下工夫。
- 把問題丟給對方

壓力對你的能力所造成的影響

困難的談判是一種壓力。所有被你視為困難的談判，都會導致壓力值上升。在我的訓練課程中，最喜歡詢問學員們，升高的壓力值會給談判造成正面或負面影響？通常班上都會有半數的學員認為，壓力會帶來負面影響，像是激動、莽撞、注意力不集中等。另有半數的學員則認為正好相反，壓力會帶來正面影響，像是激發工作能力、戰鬥欲和求勝心等。

事實上，兩方都沒有錯。對於那些活在石器時代的祖先來說，壓力是一種助力，能幫助他們迅速完成戰鬥或逃跑的準備。當石器時代的人類遇到了一頭劍齒虎，他們身上的壓力機制就會被啟動：大腦通知身體「有危險」，身體會立即對這項通知做出反應，迅速提高自己的運作能力。當「危險」的通知發出時，心臟會跳得更快，血管中的血液會流動得更快（滿臉通紅），皮膚和手部會冒汗（因為冷卻），肌肉則會變得緊繃（為了戰鬥）。這一切對於勇於戰鬥的石器時代人類來說，都是一股很好的助力。

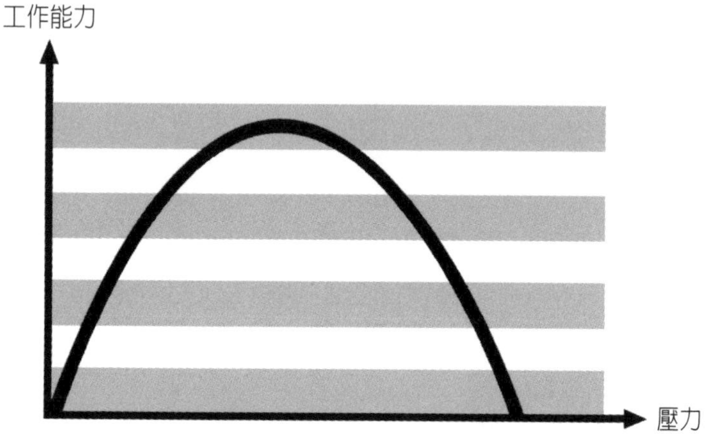

隨著壓力值的增加，工作能力也會提升。不過，這樣的情況只會持續到某個臨界點。在那之後，工作能力又會隨著壓力值的增加迅速下降。

隨著壓力值的增加，工作能力也會跟著提升。如果你不是戰戰兢兢地投入一場談判，可能就發揮不出全部的能力。憑藉增加的壓力值，你才能達到最佳狀態的那個點。這時，你該保持在這個點上；請注意，切勿跨越這個臨界點。從附圖中你可以清楚看出，在越過這個「頂點」後，工作能力會開始隨著壓力值的增加而再度劇烈下降。

或許你曾經在進行口試時遇過這樣的情況。你帶著些許忐忑不安的緊張心情步入考場，你的手心冒汗，心跳加速。接著你被詢問了第一個問題，但是回答不出來。於是壓力值再度增加，藉以讓你在面對下一個問題時準備好充分的應答能力。如果還是答不出下一個問題，這時可能會越過「頂點」，你的能力曲線會開始往下走。再下一個問題會讓你的壓力值繼續增加，這時，或許腦筋會變得一片空白，什麼也想不出來。雖然你知道自己答得出這個問題，但此時就是無法順利提取儲存在大腦裡的那些資料。於是你對這個問題也一樣答不出來，而且變得愈來愈緊張。到了這個地步，就連最簡單的問題，也答不出來了；事實上，確實有考生緊張到連自己的名字都講不出來。

在考試結束後，緊張逐漸從身上褪去，你能夠一如往常地輕鬆答題；遺憾的是，為時已晚！

過去在從事警務工作時，我經常會面臨高度壓力的情況。

我在擔任制服警察期間，有一回輪值夜班時，就遇到了一個高度壓力的情況。有一名穿著相當體面的男子來到警局，我友善地向對方問候。他站在我面前，我們相距大約有一公尺遠，中間隔了一個類似旅館大廳的櫃檯。我問他需要什麼幫助？他先說了一聲：「等一下！」接著就把右手伸進大衣左襟的內袋裡，突然掏出一把手槍。他拿著那把手槍指著我。那把手槍距離我的臉部只有幾公分，我可以直接看進槍管裡。

接下來發生了什麼事，我完全想不起來。當時腦袋一片空白，只是呆呆地站在原地。我不知道當時到底呆站了多久。幾秒鐘、幾分鐘，我完全想不起來。不知何時，同事們來到現場，從那名男子手中拿走那把槍；沒有暴力、沒有抵抗，就這樣把手槍拿走。

那名男子先前曾喝了一點酒，還跟太太大吵一架。他太太不但把他轟出家門，還叫他再也別回來。在沒有鑰匙，也身無分文的情況下，他突發奇想：只要自己做點什麼壞事，警察就會把他關起來，自己就能有個去處。基於這樣的推論，他到自己的車上取出一把瓦斯槍，走到警察局。他知道用槍指著員警，自己肯定會被關起來。能夠免費一整晚待在牢裡，遠離老婆，夫復何求？於是，他一路漫步到警局櫃檯前，掏出手槍，期待自己被捕。

由於他喝醉了，具有預防性拘留的理由。為了個人安全，在他「清醒過來」前，得先被拘留。在這種情況下，警察可以自行決定是否要拘留某人；

無須經過檢察官或法官的同意。於是，那名男子在牢裡過了一夜，次日就被釋放。到了早上，他清醒過來，簡直不敢相信幾個小時之前自己居然會做出那種蠢事。他很尷尬地向我們致歉後就回家了。

當天夜裡，我在自己身上了解到壓力會造成什麼影響。當時那種程度的壓力讓我只能呆站著，既無法思考，也無法行動。希望你永遠不會遇上這樣的情況！

認識壓力並善用它們

請你留意壓力會對你造成怎樣的影響，即使是在很低的程度下。在某個程度裡的壓力，有助於你提升工作能力。然而，一旦壓力超過那個程度，它就會反過來吞噬你。

請你觀察處於壓力下的自己

請你注意，切勿讓自己在談判中越過那個壓力臨界點，你才能始終做自己的主人。

一位老練的談判者或許會將你引入某種壓力狀況，藉以測試你的反應。他可能想藉此讓你變得六神無主，不由自主地說出或做出一些思慮不周的言語或行爲。請勿掉入這樣的陷阱，不妨留心以下幾個要點：

認識壓力

在進行一場困難的談判時，你難免會面臨高度的壓力，因爲大腦會發出「危險」的警告。這其實有它的益處，因爲你確實受到了（主觀認爲）「危險」的威脅，於是工作能力會因此提升。你該如何察覺自己處於壓力之下呢？

在談判中，每個人因應壓力的方式各有不同。我們不難想像，在認知層面上，會有注意力不集中或緊張等反應，至於在情緒層面上，會有恐懼或憤怒等反應。然而，你的談判夥伴不會感受到這些反應，思緒和情感完全隱藏在你身上。

不過，你的反應卻會出現在肢體語言的層面上。自律神經與激素分泌導致的種種反應，像是出汗或滿臉通紅等，都明白顯示出你正處於壓力狀態下。諸如膝蓋發抖與肌肉痙攣等肌肉方面的反應，則會更進一步凸顯。

請你在自己所參與的談判中留心這些壓力反應。請你觀察自己身上的種種反應，並弄清楚在談判中的哪些時刻，你的壓力値會上升或下降。唯有當你明白自己的壓力反應，才能具有建設性地對待壓力。

利用壓力

壓力是能夠促使你提升工作能力的一項好助力。因此，你該爲自己的大腦把某場談判看成是危險的、重要的，感到高興；這時你就可以憑藉提升的能力去應付一場談判。

這樣的能力提升機制，只會在某個臨界點之前，朝有利的方向發展，在那之後它就會迅速朝不利的方向發展。萬一你覺得自己到達了臨界點，該怎麼做呢？

登上看台

我所指的當然不是眞正的看台，而是要你這麼想像。你不妨把談判想像成一座足球場。當你在球場上比賽，你奔跑、流汗，視線與其他球員一般高。你和其他球員對彼此做出犯規行爲，每當對手絆倒你，你也絆倒對方。一旦裁判發現這樣的舉動，就會舉牌警告你。

雖然你心裡不太高興，卻還是繼續奔跑。當你要傳球時，會環顧四方。只不過，從你所處的位置無法看清整個賽局。你在球場上看不清楚哪個人現在有空檔，傳向哪裡才是正確的選擇。只要你在場上跟著其他球員一起奔跑、一起揮汗，就無法綜觀全局。唯有當你離開球場、登上看台，才會看出場上正在發生什麼事。

請你跳脫現正身處的情況，別繼續在裡頭瞎攪和！

在一場談判的壓力階段裡，諸如「自體訓練」（autogenic training）或埃德蒙・雅各布森（Edmund Jacobson）的「漸進式肌肉放鬆法」（progressive muscle

請你跳脫現正身處的情況，想像自己登上看台綜觀全局。

relaxation）等壓力克服技巧，對你不會有太大的幫助。它們很適合用在談判的準備上，只要你經常練習這些技巧。但在壓力情況下，你在情緒上已經深深陷入事件裡，很難再藉助「我很放鬆」這樣的話讓自己抽身。長久以來，我一直都在做「自體訓練」當作準備工作，它是一項非常有益的輔助。至於在談判中，唯一能幫你的就只有：登上看台！

請你在需要時喊暫停

請你站起來走幾步。你的身體處在高度戰鬥的警戒狀態下。請你稍微活動活動，否則蓄積的精力無法發揮，它們就會反過來「對付」你。請你向談判夥伴表示想暫停一下；你不妨提議過幾分鐘之後再回來繼續談，去拿點飲料或額外的工作文件。在這種情況下，重要的是：稍微動一動！

避開本能陷阱

如果你遇到一位非常不老實的談判夥伴，那麼他可能會挖個「本能陷阱」讓你跳。

面對劍齒虎

讓我們再次以石器時代的人類爲例。某個石器時代的人類看到一頭劍齒虎，他現在有兩條路可走：一是攻擊，一是逃避。他不會考慮什麼比較好，而是會立即（本能地）做出反應。這項行爲並非出於理性的思考。它是對於死亡威脅的一種自然反應。

這樣的反應在石器時代是一種生存不可或缺的輔助，可以幫助人類克服生死攸關的危險。時至今日，同樣的機制還在我們身上繼續運行，只不過，並非總是爲了克服生死攸關的危險。如果你的談判夥伴知道這種情況，那麼他可能會「化身」成一頭劍齒虎，引你落入某種難以脫身的情況。這時，你或許就不能冷靜地思考、不能理性地判斷。在這種情況下，能夠引導你的就只剩下本能，要不就是選擇逃避，要不就是選擇攻擊。

當你遭到攻擊時，不要做出反應

如果你是個攻擊型的人，當談判夥伴發動攻擊，你也會反擊回去。藉由發動攻勢，談判夥伴迫使你做出一種由本能所引導的反應。你會變成一部「自動反應機」。

每個攻勢都會在你身上引發壓力，讓整個壓力機制動起來。如果你不中止這樣的機制，壓力值就會隨著每個攻勢繼續升高，直到越過了某個臨界點，這時你就再也無法理性思考。於是你發動反擊，藉以給對方一點顏色瞧瞧，而你也因此破壞了談判。你辱罵對方，受到責怪，中止談判，或者做出決定（這是最糟的結果）。

請勿在壓力狀況下做出決定

這樣的決定是對於攻擊的反應，它並不符合你的談判目的。

●案例

在某回的訓練課程裡，有位參與受訓的經理跑來問我，他要如何才能挽回他的太太？在他「偷吃」了某位女祕書後，太太氣得帶孩子離開。他無論

當一個攻擊型的人遭受攻擊時，他也會反擊回去。
但這不是經過深思熟慮的行動，而是某種本能反應。

如何都想挽回太太，希望能夠和太太重新經營一段和諧的婚姻。這是他與太太談判的目的。

後來，當他實際與太太坐下來談時，兩人一言不合就吵了起來。雙方都覺得自己的情感被對方傷害。於是，什麼指責、咒罵，統統都搬了出來。那位經理回應了對他的指責，不由自主地做出了種種（本能的）不理性反應。在太太對他表示想要孩子的扶養權後，他立即凍結了她的戶頭。這是一項完全無助於談判目的，只是回應攻擊的反擊。他的行為不是被談判目的所驅使，而是被談判夥伴（他的太太）的行為所驅使。

我的談判祕訣

- 當你遭到攻擊時，絕對不要回擊。
- 牢記談判的目的，採取與此相應的行為。
- 在你能夠不受談判夥伴的行為所影響後，也別將任何精力浪費在思索詭計上。
- 別影響談判夥伴，而是對自己發揮影響。
- 如果你能放下反擊，談判夥伴的攻擊就會完全落空。

除了攻擊以外，石器時代的人類還能選擇逃走。逃避是對壓力狀況的第二種本能行爲。

或許你會在壓力狀況下做出某個決定，讓自己能夠從中脫身。爲了擺脫壓力困境，你簽了一份合約。

每當你逃避，就會向談判夥伴發出「他的方法是對的」的信號。他會感覺受

當一個逃避型的人遭受攻擊時，他會選擇逃避。
但這不是經過深思熟慮的行動，而是某種本能反應。

到激勵，從而在往後的談判中故技重施。他會再次對你施壓，藉以把你逼入壓力狀態下。也許你曾親身經歷過這樣的惡性循環；要想擺脫這樣的逃避狀況，何其困難。在這方面，唯一的方法同樣也是：**登上看台！**

請你避免逃避反應

請你喊個暫停，稍微活動活動。別被對方嚇倒，也別被迫做出任何決定。

也許你是個喜歡逃避的人，有時逃避也是一種適合的手段。如果你被人用槍威脅，那麼逃避會是非常合理且正確的反應。但如果你在日常生活的一些情況或談判中選擇逃避，你會發現類似的情況將一再重演。

當逃避型的人與鄰居發生爭執，他會選擇搬離自己的住處。當逃避型的人與配偶在相處上發生問題，他會選擇與對方離婚。當逃避型的人與老闆或同事在共事上發生問題，他會選擇辭去工作。

新住處、新伴侶、新顧客、新公司，難免也會發生一些問題。如果你是個逃避型的人，還會一再遇上同樣的問題。

你會一再被同樣的問題折磨

直到你願意面對情況之前，會一再地在惡性循環中打轉。如果你一再中止談判，在每個新的談判裡又得從頭開始。

如果你向談判夥伴釋出寧可選擇逃避的信號，對方將會看出你的傾向，順勢逼迫你遁逃。請不要誤會我的意思，逃避型的人不比攻擊型的人更好或更糟，也無關好或壞，這只是涉及到在一場談判中如何因應壓力情況。

許多人認爲，壓力情況可以藉理性來化解。利用諸如「請你理性一點」這樣的期望句，可以讓談判夥伴回歸理性。得了吧！壓力與壓力反應不會中止於理性的範疇。攻擊與逃避是每個人都很熟悉的本能行爲模式。

如果我對企圖自殺的挾持者說：「請你理性一點。」他肯定不會因此變得理性。他處在一個或許無法正確評估我的信息的壓力狀態下。請你回想一下前面曾經提過的「四面模型」。在「請你理性一點」這個句子裡隱藏了什麼？即使沒有深厚的心理學素養，你也可以看出，在「事實」層面上這項陳述代表了某種侮辱。某人「應該」理性一點，這意味著他現在不理性。你在「自我表露」中表達出你相對而言非常理性。「期望」層面同樣十分明顯：你的談判夥伴應該變得跟你一樣理性。至於「關係」層面則將陷於高度不安，因爲你認爲自己知道的比對方多。

逃避與攻擊是對壓力情況的正常反應；因爲它們是本能的反應。當你發覺壓力在身上節節高升，請勿不由自主地做出某種反應。請別去回應。你的談判夥伴的行爲不是問題，你的反應才是問題。這些反應是你自己可以決定的。一個在壓力狀況下做出的決定，將不會令人滿意，也不會長久。在壓力下，你不會達到談判目的。

別在談判夥伴的舉動下工夫，要在自己的反應下工夫。

請你轉化成旁觀者的角色

登上看台是打破壓力惡性循環的關鍵步驟。在心理學中，「看台」被說成是「元層級」（meta level）。在元層級上，你可以冷靜地從上方觀察整個情況。請你在思想上把自己轉化成一個客觀的評論者，「站在制高點」評估整個情況。請你分析一下自己至今爲止的作法，並仔細觀察談判在哪些地方發展不利或有利於你。特別重要的是，爲何談判出現了一個不利於你的發展？爲何談判夥伴在這時取得了優勢？

當你站到看台上，就有機會謀畫談判中接下來的步驟。請你思考一下如何才能讓談判夥伴感到訝異。

請你善用突襲

把問題丟給對方

當你的談判夥伴出招並主導著談判（而你一直在回應、招架），談判就會變成是你的難題。每當你回應，很容易就會被對方算計與引導。請你打破這樣的循環，出乎談判夥伴的意料。

● 案例說明

那位企圖自殺的挾持者掌握了談判的主導權，他要求我們離開屋子，並以威脅射殺人質來強化這項要求。受到對方施壓的我們，有兩個基本的選擇：攻擊或逃避。攻擊或許會造成死傷的後果。攻擊挾持者或對他開槍，可能會造成難以預料的一些結果。當時我們還不知道他手上的是瓦斯槍，或許可以朝挾持者開槍，或許也可以選擇逃離現場；而此舉則將會激勵他繼續自己的行為。誰知道，在「自殺」與挾持人質後，他還會做出什麼事情來。

我們既不攻擊，也不逃避，而是藉由短暫地「登上看台」，打破了這個循環；當然，我們不是在「空間」上登上看台，而是在「思想」上。如何打破這個行為與反應的循環，將局勢轉為對我們有利呢？在一陣短暫的停頓後，我們告訴他：「不，我們不會離開！」他肯定沒料到這個出其不意的聲明。我們接著說：「我們對你和人質都負有責任，因此我們不能就這麼離開。該如何一起解決目前的狀況呢？」

在這場挾持人質的事件中，這是一個關鍵的轉折。藉由這些陳述，我們再度取得了話語權。從這時起，我們可以再度採取行動、出招，他則必須回應、接招。

把問題丟給對方，這項戰術是我們在困境中最常使出的對話戰術。

對你而言，重要的是，即使身處絕對的壓力之下，你還是能夠憑藉前述兩項戰術繼續談判。

挾持者在這種情況下可能會想些什麼呢？在他的思緒中將會出現像是「我現在該怎麼辦？」之類的想法。而這正是這項戰術的目的，旨在把燙手山芋丟給對方，藉此重新奪回主導權。這時輪到挾持者得去傷腦筋，他覺得自己可以主導事件接下來的走向；實際情況當然不是如此。在這項戰術上，我們只是給了由他出招的錯覺。

把燙手山芋丟給對方

「我們對你和人質都負有責任，因此我們不能就這麼離開。該如何一起解決目前的狀況呢？」在這個陳述裡，隱藏了支持我們行為的理由。身為警察負有責任，不能這麼一走了之。這是一個在每個人看來都合理的理由。「因此我們不能」，這個陳述讓我們看起來像是奉命行事。談判夥伴也許會想，他們其實可能想要離開，但礙於責任在身，無法一走了之。這會讓談判夥伴產生某種平等的感覺：這些警察只是在做他們該做的事，正如我在做自己的事。

「一起解決」，這個陳述則是為他指出了，擺脫這個惱人的處境是我們共同的利益。在這當中，我們沒有告訴挾持者如何解決整個困局，只是詢問「他」。如此一來，他就會有一種「與我們一起做決定」的感覺。我們是在合作，而不是在對抗。

在我們做了這樣的陳述後，那名挾持者久久不發一語，人質坐在沙發上，目不轉睛地望著我們。挾持者顯然被這個新狀況困住了。這時候，把我們表現成他的幫助者的機會來了。我們告訴他：「截至目前為止，事情還沒有到不可收拾的地步。既沒有人受傷，更沒有人死亡。你至今的所作所為還不算太嚴重。或許你根本不用進監牢。但如果你現在扣扳機或對我們開槍，就會讓自己變成一個罪犯。到時候，你就得坐許多年的牢。你是逃不了的。你想，接下來我們應該怎麼做比較好呢？」當然，挾持者並沒有真正的選擇，但我們讓他以為自己可以控制整個局面。在那場談判中，這是關鍵的刺激：實際上是我們在引導對話，他則認為是自己在引導對話。

如果我們不詢問他，而是表達我們的決定，那麼他或許就會覺得自己遭受攻擊。這個攻擊可能會引發反擊。如果我們告訴他：「你無法從這裡逃走，這棟房子的四周都已經被團團包圍。請你放棄無謂的抵抗，好讓我們能夠逮捕你！」這樣的攻擊或許會引發什麼莽撞的行為，對方可能會乾脆「跟你拚了！」無論如何，那會變成一個對抗我們的攻擊。

我的談判祕訣

- **困境談判祕訣**：請你「登上看台」，藉以打破行為與反應的循環。
- 控制自己的言行，而非談判夥伴的言行。
- 在遭受攻擊時不要採取反擊
- 不要逃離談判，應該勇敢面對它。
- 登上看台，分析你的策略。
- 把問題丟給對方
- 總是掌握談判的主導權
- 為談判夥伴指出界限

法則5

展現你的權力

沒有人可以在你不同意的情況下，帶給你自卑感。

——安娜・愛蓮娜・羅斯福（Anna Eleanor Roosevelt）

當談判雙方擁有同等的權力，站在同一個位階上，就能展開談判。
如果談判雙方有一方的權力較強，就必須先重新分配權力。

令人滿意且持久的協議，只會存在於彼此處於平等狀態的談判夥伴之間。如果你和談判夥伴不是站在同一個位階，你將無法成功。因此，請思考一下，你是站在與對方同樣的位階？或是高於對方的位階？還是低於對方的位階？

請你站在與談判夥伴同樣的位階

你對於談判是否掌握了足夠的權力？

- 認清你自己的權力
- 展現你的權力
- 設法別讓談判破局

你是否覺得自己軟弱無力，沒有權力，特別是在遇上不好應付的談判夥伴時？針對以下特別不好應付的談判夥伴，我將爲你介紹策略與戰術。

- 令人討厭的人
- 不理性的人
- 驕傲自大的人
- 外表強大的人
- 團體
- 藥物依賴者

認清你自己的權力

如果一個人在談判中擁有較強的權力，他會想要貫徹自己的要求。除非他的目的不在這場談判，而是放眼於其他地方。如果你不明白為何談判夥伴明明擁有較強的權力卻不貫徹自己的要求，就該在心裡打上一個問號。或許對方特別天眞，但也可能在耍什麼詭計。

一個擁有權力的人不一定非得要展現自己的權力。他隨時都能動用自己的權力，這就足夠了。根據我的經驗，權力都會被動用。無論有益或無益，無論是誰擁有權力，它們都會被利用。

因此，認識權力關係，對你而言極為重要。你該如何判斷自己的權力，該如何判斷談判夥伴的權力？

權力關係唯有在戰爭中能以武器來客觀衡量：一百輛坦克對八十輛坦克。除此之外，權力關係的評估都是主觀的。

相較於在自己身上，你在談判夥伴身上會更明顯且強烈地感受到權力。因此你多半都會低估自己的權力，高估談判夥伴的權力。

如果你承認了談判夥伴的權力，你的主觀認知與隨之而來的評估，會使得對方看起來彷彿擁有強大的權力。事實上，唯有當你向談判夥伴顯示出自己承認對方的權力，那些權力才能有所發揮。

因此，對你而言，重要的是認清自己的權力。如果不相信自己所擁有的權力，就不會相應地有所作爲，那麼你就顯得「軟弱無力」，進而處在設想得到的最糟地位。你承認了談判夥伴具有唯我獨尊的權力，他就會利用這樣的權力。

因此，請你思考一下，在哪些談判議題上你擁有權力？舉例來說，如果你正在爲一場與老闆的艱困對話做準備，多半都會承認老闆擁有較大的權力。他有權力支付你更好或更差的薪水，或許他也有權力把你開除。他眞的有這些權力嗎？你的老闆就是僱主嗎？還是他「只是」部門主管？

你擁有怎樣的權力？你的離職會給公司的營運、工作士氣與其他同事造成怎樣的影響？請你認清並對外展現這些權力。不必大剌剌地寫個告示牌拿給同事和老闆看，但你得展現出自信的姿態。

如果你居於主導的地位，那麼應該在如同平起平坐的情況下好好分析權力關係。你是否眞能做到如此強勢地登場？

如果你和談判夥伴站在同樣的位階上，就可以展開談判。如果你所處的位階高過對方，應該趕快走下來。如果你一直高高在上，可能會因爲這樣的不平衡，無法達成任何令人滿意的協議。其中的道理很容易理解，也很容易轉化為行動。不過，萬一你所處的位階低於對方，那該怎麼辦呢？當你感到談判夥伴因為手上握有更好的籌碼而輕視你，那該怎麼辦呢？這樣的感覺其實是主觀的，你自己決定了你和談判夥伴之間的權力關係面貌。

每當談判夥伴輕視你，就會產生不平衡。從對方不遵守協議就能輕易地看出這一點。對於談判來說，不平衡是一種莫大的危險，因為談判夥伴會認為，就算沒有你，他照樣過得好好的。他深信，就算沒有你的幫助，他也能成功。這種必勝的想法會導致某種狂妄的態度與充滿敵意的談判風格！

如果伴侶、上司或政治人物不被及時提醒，都會淪為這種危險的犧牲品。這時，他們會變成不講理且魯莽的談判夥伴。

●案例

在巴爾幹半島上發生戰事的期間，塞爾維亞人相信自己能夠獲得勝利。憑藉武力上的優勢，他們壓迫相鄰的幾個民族屈服。塞爾維亞的領導人斯洛波丹．米洛塞維奇（Slobodan Miloševieć）與拉多萬．卡拉季奇（Radovan

一個人若覺得自己居於強勢，就會利用這樣的權力。

Karadžić）高高在上，以驕矜自大的態度睥睨居於弱勢的對手。他們完全不理會對手的停戰呼籲。為了不致造成國際社會全面反彈，塞爾維亞人參與了一些談判。他們簽了一個又一個協定，卻不遵守任何一個。某些停戰協定甚至只維持了短短四個小時。接著他們又開始射擊、屠殺、驅逐，還有談判。很快地，各種談判不再被認真看待；不過，倒是有愈來愈多的新調停者介入。南斯拉夫的領導人知道，不管怎麼談，都談不出什麼具有誠意的協定。時光流逝，塞爾維亞利用這些時間進行征服。或許你還記得拉多萬．卡拉季奇在日內瓦亮相時的模樣，他總是大言不慚地表示，他們的國家想要和平。

調停者的呼籲不被接受。為何要接受

呢？畢竟塞爾維亞的領導人深信自己可以取勝。

直到克羅埃西亞人在美國的幫助下開始武裝，談判才變得有意思。憑藉武裝，戰爭雙方再度站在同樣的位階上。儘管塞爾維亞人還是相信自己能在戰爭中獲勝。然而，這時軍事上的實際情況卻不是他們所想的那樣。

當時歐盟還沒有一致性的外交政策，因此每位調停者都能在談判中做出自己的嘗試。然而，由於欠缺實力均等的前提，所有談判從一開始就注定失敗。直到美國重新建立起均勢，才總算有一場有意義的談判。

類似的案例在歷史上班班可考。希特勒（Adolf Hitler）同樣也欺騙了那些渴望和平的談判夥伴。他對外表示德國渴望和平。這當然是人們所希望聽到的，因為歐洲才剛從一場大戰中逐漸恢復過來，不計任何代價都要避免一場新的戰爭。

亞瑟．內維爾．張伯倫（Arthur Neville Chamberlain）身為西方強權的主談者，主導了與希特勒的談判。他相信希特勒的意圖，任他為所欲為。之後的歷史發展眾所周知。各國領袖都呼籲希特勒要維持和平。但希特勒為何要讓步呢？他深信自己可以獲勝。張伯倫做了上個世紀最重要的一場談判；而他也輸了這場談判。

展現你的權力

如果沒有你，談判夥伴就無勝利可言。

每當談判夥伴相信他能獲勝，你就必須讓對方瞧瞧，如果沒有你的話，他是贏不了的。由於你無法讓他走下位階，就必須把自己提升到他的位階。

●案例

當一對夫妻離異時，往往會上演以下的劇情：夫妻的其中一方，讓我們假設是丈夫，另結新歡，而且深信自己可以獲勝。他提出孩子的扶養權、財產和房子的要求。當妻子與他談判時，他總是愛理不理。當他好不容易出席了某次與妻子的談判，卻又以睥睨的態度表示自己是在屈就妻子。妻子請他理性一點，他卻毫無反應，因為他自信滿滿地認為自己穩操勝算。

於是，妻子帶著孩子搬離他們的住處，聘請一位律師幫忙處理。律師寫了一封信給這位丈夫，請他立刻支付應給妻子的種種費用。律師更表明，如果丈夫拒絕給付，馬上就會將丈夫告上法庭。屆時，法院將會扣押丈夫的薪水，丈夫的僱主就會知道整件事情。這時，這個丈夫才有所回應，願意好好坐下來進行談判。也許是尋求和解，或是準備打一場婚姻戰爭。

前述這位妻子無法藉由哀求讓丈夫步下所處的位階。透過引入一位律師，她讓自己上升到丈夫所處的位階。權力關係再度歸於平衡時，談判才得以展開。

你可以在準備過程中思考的問題

- 我能夠做些什麼，好讓權力關係變得平衡？
- 我會確實做些什麼，好讓權力關係變得平衡？
- 為何我會做這些？
- 我的談判夥伴能夠做些什麼，好讓權力關係保持平衡？

設法別讓談判破局

請你心繫著談判的成功

在準備過程中，你應該抱持具有建設性的心態來回答前述的問題。

一旦你想到破局，潛意識就會以這些思考來回應。這代表著，「破局」一詞燒錄在你的思想硬碟裡，從此以後主導著你的思考。

或許你聽過「黃色大象」這個例子。如果有人禁止你去思考一頭在溜冰的黃色大象，你的腦海裡就會浮現一頭正在溜冰的黃色大象；儘管你不該去想這些，卻還是想了。

請你想想自己該做什麼，好讓談判不會破局

在恐怖電影《少女墳場》（*A Maiden's Grave*）裡，警方負責進行談判的人就利用了這樣的現象。在電影中，歹徒們劫持了一輛載著聾啞學童的校車並要求贖金。警方的主談者接手談判，對挾持者說了一個有「放棄」一詞的笑話。「放棄」一詞讓挾持者的思緒動了起來。「放棄」的想法不僅被儲存起來，也左右著歹徒們的思考方式；不是有意識地，而是無意識地。

● 範例

在阿波羅13號的太空飛行過程中，人們也能觀察到這樣的現象。這艘太

空船在繞行月球的過程中發生了一些意外，陷入失控的狀態。阿波羅13號載了三名太空人，他們窮盡一切手段，試圖要讓這艘太空船再度回復正常操作。在經過數小時的努力後，整個情況看來似乎是這艘太空船沒救了！

地面指揮中心收到了太空人的呼救。在這個過程中，對於太空人的擔憂化成了一股普遍的挫折。工作人員紛紛交頭接耳地談論起，阿波羅13號的任務失敗將會帶來怎樣的後果。有人認為，太空計畫或許會被參議院刪除。有人表示，很大一部分的工作人員恐怕會被解僱。失業對於大部分的人都代表著要搬出現在居住的房子。這個危機持續得愈久，挫折感愈瀰漫於工作人員之間。他們不再去想太空人的安危，所擔憂的只是航太預算遭到刪減的後果；儘管那艘太空船還在繞行月球。

在這樣的情況下，地面指揮中心的主任要所有工作人員集合起來，準備對他們進行一場精神喊話。當大家在巨大的控制室就座後，主任只對大家說了一句話：「失敗不是選項！」從這時起，這句話就儲存在所有工作人員的腦袋裡。在失敗免談之下，工作人員開始思索，為了讓任務成功，自己能夠做什麼。新的動機瓦解了挫折。所有人在新的激勵下竭盡所能、全力以赴。

結局衆所周知，阿波羅13號最終有驚無險地安然返回地球。

因此，請你不要想著談判失敗，而是想著能做什麼促使談判成功。

請你高度專注且針對目標進行談判

本著「無論如何我都要讓談判有一個令人滿意的結果」的心態，能讓談判的進行完全有別於本著「讓我們瞧瞧是否會有什麼成果」之類的心態所進行的談判。我不僅高度專注且針對目標進行對話，也會讓談判夥伴感受到無論如何我都要達成一個協議。如果你本著這樣的心態投入一場談判，談判夥伴也會感受到這一點。當然，如果你只是抱著「姑且一試」的心態，談判夥伴也感受得到。

當我在替某些公司進行員工訓練時，經常訝異於許多銷售員與顧問是抱持著多麼散漫的心態去和顧客談判。我常聽到「反正總會有人買」或「銷售只是一種數字遊戲，只要我跟夠多的人談，總會有人上鉤」之類的話。我也認識一些會帶著「一定要成功」的目標投入談判的談判者。不是爲了要取得勝利或逼迫對方達成協議，而是爲了達成一個令雙方都滿意的協議。

你的談判夥伴肯定能察覺你究竟是想要「姑且一試」，還是認眞地看待對方。如果你不確定自己是否眞的想讓談判得出一個好協議，如果你只是想「姑且一試」，那麼最好省省。然而，如果你很肯定自己想要爭取到談判夥伴的合作，請帶著全部的注意力與精力投入談判。

我的談判祕訣

- 唯有在談判雙方處於平衡的態勢下，才有可能獲致一個令人滿意的協議。
- 如果談判夥伴站在比較高的位階上，請你走上去或是讓他走下來。
- 想著成功
- 製造權力的均勢

當你遇上特別不好應付的人時，是否會覺得自己既軟弱又無能爲力？這或許是因爲你的談判夥伴顯得令人討厭或驕傲自大。也許你難以捉摸對方，也許對方必須在所屬的群體中立足。接下來，我將爲你介紹可以在談判中對付以下這些人的策略與戰術：

- 令人討厭的人
- 不理性的人
- 驕傲自大的人
- 外表強大的人
- 團體
- 藥物依賴者

與令人討厭的人談判

你對他人的印象不一定正確

某場談判對你來說之所以困難，是不是因爲你遇到的是一個令人討厭的談判夥伴？如果答案是「是」的話，你該問問自己，爲何會覺得這個人不好應付？

當我們與一個陌生人初次接觸時，很快就會在未經細察之下，對對方形成某種印象。我們獲得了對方給我們的第一印象，這樣的印象多半沒有預設立場，但往往是錯的。我們會在最初的七秒鐘評斷出要把談判夥伴歸類爲令人喜歡或令人討厭。這或許是我們從石器時代祖先那裡傳承下來的本能反應。

石器時代的人類必須快速將自己所接觸到的新事物歸類爲「有危險」或「沒有危險」。在遇到一個被評價爲「有危險」的陌生人時，他們會高度警戒，隨時準備用武器攻擊對方，會一直懷疑對方。這樣的談判模式你是否似曾相識？

當你剛認識一個人時，也會做出如同前述的分類。如果你把那個人評價爲

「令人討厭」，就會對對方高度警戒，隨時準備用「武器」攻擊對方，也會一直懷疑對方。這種分入「抽屜」的行爲是一種本能反應，我們幾乎無法抗拒。遺憾的是，這種分類行爲對你而言是負面的。

重要的是，你必須知道，每個放入事先設定類別的分類行爲，都是源自於主觀。每當你將談判夥伴分入某個抽屜，請想一想這其實是一種主觀評價。

我的談判祕訣

- 想一想，為何你會覺得談判夥伴不好應付？他並不是在客觀上不好應付，而是在你的思想世界裡不好應付。
- 費點工夫再次重新評價某位不好應付的談判夥伴；你不妨思考這個人有什麼「討人喜歡」或「值得信賴」的地方。

然而，這種重新評價會面臨一項障礙，那就是：**第一印象的確認**。

● 案例

過去，在我從事緝毒工作的期間，曾經為迅速判斷毒販構思了一個分類概念。我從同事的報告與自己的第一手接觸中，學到毒販的外表往往很邋遢，留著長髮，還會開著一輛破破爛爛的舊賓士車。於是我就把搜尋範圍固定在外表邋遢、留著長髮、開著一輛破舊賓士車的男性。

在某次漫長的夜班中，發生了以下的事情：大約在晚上八點左右，我臨檢了一輛破舊賓士車，駕駛是個外表邋遢的男子，並查驗他是否有毒品前科。在進行這類檢查時，我們會把駕駛人的個人資料與車輛資料回報給指揮中心，請他們用最新的查緝資料進行比對。此外，我們也會參考其他毒品交易者的供詞。舉例來說，如果有個毒品交易者在法庭上表示，他所持有的毒品是從某個開著一輛破舊賓士車的男子那裡買來的（當然還有相貌的仔細描述），在法律上，這樣的描述就能做為我們對人和車進行盤查的依據。

查驗結果，第一個被臨檢的男性完全沒有毒品前科。我沒有檢驗自己判斷的正確性，繼續做臨檢工作。我再次攔下一輛由某個外表邋遢的駕駛人所駕駛的破舊賓士車。同樣的，這名車主也未曾有過任何毒品前科。

這時，我的腦海裡出現了一個十分有趣的現象：我是不是該檢驗一下自己到底有沒有用對「過濾網」？我是不是該分析一下自己對毒販所做的外貌評斷究竟正不正確？然而，我卻拒絕做這樣的檢驗，而且還壓抑了「我的分類未能獲得驗證」的這項事實。第三次與第四次的臨檢，情況都類似，被我攔下的人都沒有任何毒品前科。這時，我會用「這個人只是從來沒被逮到（實際上他就是毒販）」或「他只是今天剛好沒把毒品帶在身上」之類的話，來對同事證明我的判斷。

到了第五次臨檢時，我總算得了一分。那位駕駛人曾因毒品方面的犯罪行為服刑。在接下來的搜查中，我們也發現了他身上帶有所謂的「『喇叭』裡的『屎』」，也就是製作大麻菸的大麻。這時我總算一吐悶氣，再度成為同事間「最機靈」的一個，因為我的毒販分類理論畢竟是對的。諸如「我就說嘛」之類的話語，進一步讓我證明了原先的判斷：外表邋遢、留著長髮、開著一輛破舊賓士車的男性。這樣的分類判斷被當成「正確無誤的」儲存在我的大腦裡。

在下一回的夜間勤務裡，我再度如法炮製，把重點擺在具備同樣條件的

「可疑者」身上，因為我的分類理論可是經過了「驗證」。

時至今日，我明白這種評斷其實是主觀的，它們的「正確性」只是存在於我自己的思想世界裡。

沒有任何「眞正的」眞實，有的只是你的眞實和我的眞實。在你的眞實中，你根據主觀觀點去評斷他人。

假設你有個新同事，第一天來上班時穿了一件舊毛衣。在你的評價中，一件舊毛衣對於上班首日來說是錯誤的穿著，於是你對他留下了一個邋遢的印象。

月暈效應

所謂的「月暈效應」（halo effect）會使你所感知到那位同事的特質被凸顯出來。愛德華．李．桑代克（Edward Lee Thorndike）在一九二〇年時借用了天文學的月暈效應概念（月球所反射的光線會散暈在它的四周），引入心理學中。

在你的大腦裡，或許會把「邋遢」和「不可靠」連結在一起。如果某人一開始就討人喜歡，你也會覺得對方聰明、熱心、誠實。至於一個令人討厭的人，情況則會與此相反。這時，你會用「不可靠」的眼光看待那位新同事的工作方式。如果他在第一天上班時表現得很可靠，或許你會用「第一天總得表現得像樣點，讓我們走著瞧」這樣的想法，來維持自己的評斷。

如果這位新同事的工作表現還是很可靠，或許你會想：「從他如此積極投入看來，這傢伙必定很需要這份工作。」如果這位新同事在上班的第五天遲交了某項工作，你就會高興地對自己說：「看吧，我就知道！」

你原本的評斷獲得了印證，你是對的。你可以把「舊毛衣」換成其他的感知，像是戴耳環或穿白襪的男性、穿迷你裙的女性、炫目的汽車、笨重的首飾等。你決定了將怎樣的特質歸類於怎樣的人。

因此，一個令你討厭的人其實是你的思想世界所產生的結果。他之所以令人討厭，是因爲「你」把那個人評價爲令人討厭。同樣的情況也適用於不好應付的談判者。

你應該讓自己明白這樣的主觀評斷，才能以具有建設性的態度去跟所有的談判夥伴往來。

與不理性的人談判

與不好應付的人往來，有個經常會發生的錯誤，那就是：把他們說成是不理性。到底什麼叫做不理性？

「我的老闆瘋了」、「我的太太簡直不可理喻」、「沒人和那位新同事處得來」；又或者我曾經聽到的：「人們根本無法跟挾持者談判，他們都是瘋子。」其實這些都是我們不顧他人想法的託詞。

你所做的一切評價，都是根據「自己的」標準在進行。因此，「不理性」的意思，其實是你根據自己的主觀標準而評價爲不理性的。當你表示某人是不理性的，只不過是你獨自對於某人所下的論斷——根據你自己的主觀標準。

非理性的論述對你而言之所以難以應對，是因爲它們既無法被理解，也無法被攻擊。諸如「腦筋正常的人都會說……」或「這從來沒用……」之類的話，都是所謂的「殺手短語」（killer phrase），沒有客觀的內容，因此你很難駁斥它們。請你詢問談判夥伴，他所說的話與你們在討論的問題有何關聯？請詢問對方，腦筋正常的人與你們正在討論的問題有何關係？請讓談判夥伴具體陳述。

我的談判祕訣

- 明白「不理性」這樣的分類是出自於你的主觀思想世界。
- 站在談判夥伴的位置上設想，以對方的價值觀來審視你們之間的談判。

與驕傲自大的人談判

在這類情況中，你也同樣該問問自己，爲何會把這個人分類成「驕傲自大」。驕傲自大可以是一種過高的自我評價，也可以是一種基於過低自我價値感的保護機制。在這兩種情況裡，你都很難「親近」對方；驕傲自大如同一個看不見的盾牌阻擋了你。特別是領導階層，有時會傾向於用驕傲自大的態度對待他人。某位不願具名的頂尖經理人曾向我透露：「經理病的第一名，就是過分的自我表現與脫離現實的自信。」許多管理者都把自己視爲「鶴立雞群者」或「發光者」。領導企業上的成功、部屬的阿諛奉承、媒體的關注，讓某些管理者沖昏了頭，變得飄飄然。於是他們就會說出像是「芝麻綠豆的小事」或「這不是合併，這是接管」之類的話。與一個既專橫又自戀的人談判，當然不容易。

然而，另一方面，這也是你的可趁之機；你很清楚這樣的人看重什麼。在談判的過程中，你可以藉由一再強調與肯定對方的成就，滿足對方對於獲得肯定與讚美的渴望。

每個驕傲自大者的行為方式都不盡相同，在這種情況下無法有一體適用的作法。不過，誠實地肯定對方的成就，倒是一個隨時都能運用的戰術。

與外表強大的人談判

如前所述，對於權力的評斷總是主觀的。比起在自己身上，我們在他人身上更能強烈感受到權力。因此，我們常會認為他人的權力強過我們。

在這類談判裡，你該明白地向談判夥伴揭示，你不會承認他的權力。展現自己的權力，是創造均勢的基本前提。

與團體談判

與團體的談判之所以困難，是因爲你在談判中得要應付許多人。

我總是非常喜歡與團體談判，因爲團體結構相對容易分析。爲了準確起見，且容我在此做一個小小的定義：團體是由兩人以上所組成，彼此之間存在著聯繫與共同的利益。*5

如果五個人一起站在某個公車站牌前，這不算是團體，因爲他們之間沒有任何聯繫。過了十分鐘後，還是沒有任何公車駛來，這時他們之間開始有了聯繫。有些人破口大罵，其他人則請他們稍安勿躁。過了三十分鐘後，依然看不到任何公車的蹤影，這些人就在團體裡擔負起個別的任務。有人建議，不如改搭計程車，另一人則拿出手機叫車。其他人或許只是站在一旁等待，或許有人提出反對意見，認爲這樣要等待更久。

● α（領導者）

這時，我們已進入到「團體結構分析」中。在每個團體裡都有一個領導者，一個α。這個α是團員們所跟隨的人。如果他說，我們坐計程車，那麼團員就會呼叫計程車。在我就讀中小學時，每個班級裡也會有個α，他是班級的頭頭。我們對他言聽計從，只要是他說的都是對的。在每個企業、每個部門裡，也都有一個α。

在這當中，我們必須區分兩種不同的α。一種是「正式」的α，也就是名義上的α。這可以是部門主管，也就是名義上的部門領導人，但部門實際上的領導人也許另有其人，這就是另一種α，「非正式」的α。雖然他們不具備某個領導職位的職權或頭銜，卻是在某個團體裡呼風喚雨的人。

你肯定聽說過，正式的α與非正式的α之間的競爭。正式的α強調自己的地位，整個團體卻是聽從非正式的α，因為他在同仁眼中才是最了解情況的人。正式的α不知如何是好，只好要出領導階層的官威。他用獨斷的方式領導，藉以勝過非正式的領袖。只要這兩個α處於競爭態勢，團體就無法正常運作。它遭到了分裂；有時跟著正式的α走，有時又會跟著非正式的α走。這取決於在團員們眼中，誰是當下眞正具有話語權的人。

● β（專家）

緊接在α後面的是β，他們是一些專家。在我們班上，數學最好的學生就是一個專家。我們會去抄他的數學作業，但只限於數學作業；在其他科目方面，我們有別的專家。專家只會在專業問題上被徵詢意見，至於領導問題則否。

在一個企業裡，銷售或品管方面的專業人員就屬於專家。在專業的問題上，他們的決定會受到重視，除此以外則否。

● γ（追隨者）

在β的後面是γ，傳統的追隨者。γ是工人、螞蟻，既沒有領導職位，也沒有領導野心，他們是參與其中的協力者。當α下令往左走，整個團體就會向左轉；當 α 下令往右走，整個團體就會向右轉。

沒有 γ，一個企業就無法運轉，因爲工作要由 γ 來完成。如果 α 過多、γ 過少，就會變成討論很多、工作很少的局面。這種情況你是否似曾相識？現在我們還缺團體裡的第四種人，那就 δ，「代罪者」。

● δ（代罪者）

他們總是被究責的對象，失敗時的責任往往都會落在他們頭上。過去在我們班上總會有個 δ，「班級丑角」。萬一出了什麼事情，他或她就得充當代罪羔羊。雖然班上同學幾乎很難在什麼事情上取得一致的意見，不過，在歸咎問題時，我們倒是能迅速找出一個冤大頭，δ。

在你所屬的企業裡也存在著 δ。他努力想要做好工作，卻老是被別人在背後中傷。在這當中，他不一定得要搞砸什麼事，光是因爲他不見容於團體這一點就夠了。

你扮演什麼樣的角色？

你的答案或許是：很難說。這並沒有錯，因爲你不會一輩子都在扮演同樣的角色。在所屬的企業裡，你或許是個正式的α；在所屬的協會裡，你或許是個正式或非正式的α；在懷舊俱樂部裡，你或許是保時捷356的化油器專家；在高爾夫球俱樂部裡，你或許是個γ；至於在家裡……？

我以非常簡化的方式來表達這種團體結構。心理學在這方面當然做了更深入的鑽研；只不過，根據我的經驗，對於你的談判來說，具備這樣的知識就足夠了。

假設你現在正要與另一家企業談判，你的對面坐了五個人。董事長、財務長、研發長、銷售經理和已經退休的公司創辦人，出席了這場談判。誰是α、誰是β、誰是γ？

正式的α很容易看出來，就是董事長。財務長、研發長與銷售經理，暫時可歸於β。然而，那位已經退休的公司創辦人會是什麼角色呢？

如何認清每個人的地位？

在你進行分類時，請注意以下這幾點：

- **座位安排**：根據座位的安排，你可以獲得一些重要提示。α會坐在什麼地方呢？α不會隨便找個位子坐，他要不就坐在中央，藉以「在同仁的保護下」進行談判，要不就是選個能夠綜觀全局的位子。這時他會先讓其他人發言，一直到重要部分，真正的α才會登場。
- **發言比例**：發言比例是許多提示之一，卻不是最重要的一個。有些α很喜歡發言，想藉此來表現自我。他們想要藉由大量發言暗示談判夥伴，自己有多重要。但我也經常遇到幾乎不太說話的α；他們有時會在談判的尾聲對結果點頭表示同意，或者不點頭表示拒絕。
- **眼神接觸**：眼神接觸是指出真正的α、真正決策者的重要提示。你不妨向對方一行人提出一個重要的問題，請你刻意地稍微停頓一下，接著注意觀察對方的眼神接觸。那位人人都望向他的人，就是你最重要的談判夥伴。

如何因應各個角色？

● α（領導者）

α是你最重要的談判夥伴，如果沒有他，你將無法取得任何進展。他是意見領袖與決策者。你必須承認他的領導角色，並且施予相應的言行。換言之，你該針對α提出重要的問題。你應該稱呼α的名稱（及目前的頭銜），對α說話，這一點自不待言。請你將α塑造成勝利者，讚美對方在企業發展上的成功、在團隊領導上的審慎。一切都要適度但可見。

在你進行論述時，請特別注意α的非語言表達。如果他看起來自信而堅定，那麼請你在這場談判中把他當成頭號談判夥伴。相反的，如果他不安地望向其他成員，請你向其他成員提出後續的問題。此舉可以避免當對方答不上來時，導致對方在團隊成員面前出糗。

請你在談判過程中一再確認你對α的評斷正確無誤。只要α點頭，你就可以過關。

● β（專家）

專家是負責專業的問題。在屬於他們的主題上，你必須看著他們，並且利用提問將他們拉進談判中。如果你的提問搞錯了對象，可能會爲自己製造一個敵人。對方當然不會明白表示你在藐視，他或許會提出某些事實，藉以用客觀的事實來攻擊你。

今日的β或許是明日的α。基於這個理由，你該跟他們打好關係。畢竟，你知道的——山水有相逢！

● γ（追隨者）

γ是相對來說最容易爭取合作的對象。他們既非決策者，也不會特別反對你。他們只是聽從老闆（α）的意見。對於γ來說，讚美他們的團隊合作能力是最好的。γ往往是團隊工作人員，他們會很高興有人也注意到他們。對於他們在這項共同計畫上所付出的心力表達謝意，有益於提升他們的自我價值感，也不致對你造成傷害。

● δ（代罪者）

在一場談判中，你幾乎不會和δ有什麼交集。不過，如果在談判桌上有這麼一個人，而你也發覺到這個人不為其他人所認可，請不要特別在這個人身上「投射聚光燈」，否則你可能會贏得這位δ，卻輸掉其他人。只不過，你還是該彬彬有禮地對待一位δ，這一點自不待言。

與團體談判最重要的方法

作為個人的人類還能令人忍受，一旦在群體裡，人類就幾乎與禽獸無異。

——法蘭茲・格里帕策（Franz Grillparzer）

讓我們假設一下，現在你得擔任警方的主談者，與一群具有暴力傾向的光頭黨進行談判。爲數十多人的光頭黨霸占了一個重要的廣場，不願意離開。警方已經使用擴音器要求他們立刻離開，卻苦無成果。你走向那個團體，表示要與他們談判。你該怎麼做呢？你要和什麼人對話？

你得要確認這個光頭黨團體的α是誰。一般說來，他會表明自己是帶頭者，或者別人會請他出面進行談判；基本上，當然不會很正式，而是會像這樣：「你等著，有隻牛頭犬會過來跟你聊兩句！」

當你在和這樣的α談判時，整個團體會把他團團圍住，藉以保護他。憑藉一個清楚的團體結構，這個團體會非常和諧且具有行動力。α說話，β提供相關意見，γ站在一旁觀望，δ則得在事後扛下所有責任。

由於α需要團體的認可，因此他會竭盡所能在自己的「團隊」面前表現爲最強的那一個。如果所有人都在一旁聽你們談論什麼，你就失敗了。在這種情況下，α不會做出讓步。他就是無法讓步，否則會被其他成員視爲「叛徒」。「讚賞」這招在這裡也施展不開，因爲相較於警察的讚揚，對α來說，所屬團體給予的讚揚更重要。

在這種情況下，你必須設法將α從他所屬的團體中隔離開來，讓對方與你單獨對談。排除其他團員的參與，你可以讓對方感覺自己才是最重要的，因爲你只跟他一個人對談。這時他就算與你妥協，也不會有丟臉的問題。當他回到自己的團體中，大可根據自己的版本對其他團員講述協議。或許他會表示，自己已經給了對方足夠的顏色瞧瞧，對方嚇得屁滾尿流。他會找個理由解釋，爲何現在大家應該離開這個廣場。並不是爲了討警察歡心（不是，無論如何絕對不是），只是因爲大家在這裡待得夠久了，不如再去別的地方找樂子。雖然你不會從這個團體獲得任何掌聲，卻能讓談判有個好結局。

要是你把α晾在一旁，去跟β對話，會發生什麼事情呢？你走向一群光頭黨，你從α的身邊經過，與β談了起來，並請β單獨與你對談，就接下來會發生什麼事與對方交換意見。接著，你只需要稍微耐心等待一段時間，這個團體或許就會開始發生激烈的爭執。β告訴團體成員，撤離是有益的。α不以爲然，完全不考慮撤離。只不過，他並不是因爲確信自己意見的正確性，而是因爲覺得自己被藐視。這時，團員分裂成不同陣營。一個陣營始終擁護他們的老大，另一個陣營聽進了β的論述，在內心思考著。接著他們想到了，α先前曾經做過什麼令他們吃虧的事。於是第一位成員倒向β這邊，繼而又有人跟進。不久之後，在這個光頭黨團體裡，已有兩個意見相左的群體互相對立。如果你在下一次對話中，繼續鼓勵β和他的群體，也許又會有人繼續倒戈到他們的陣營。這個團體將會陷入爭執，你可以用調停者的姿態介入，藉以將談判引往你所要的方向。

如果你在談判中不夠重視α，他會與你對抗。並不是因爲事情本身，而是因爲他的α身分受到傷害。對於一個α來說，沒有什麼比不被認可更嚴重的了。

憑藉這個簡單的方法，你可以操控一場困難的談判。你可以用這樣的方式去弱化一個和諧的團體，使他們再無行動力。

這肯定不是什麼好方法，卻非常有效。你應該不希望這本書只是談一些不痛不癢的招數，而是要傳授一些能夠用在困境談判的祕訣。

你同樣可以在私人領域裡試驗這種方法。請你前往某個酒吧或舞廳，仔細觀察一下個別的團體。你會看出什麼人在個別團體中居於α的地位。

舉例來說，你是一位具有魅力的女性，可以觀察一下某個男性團體。在這個團體中，有位男子特別喜歡出風頭，α。這時，你從這個團體所坐的那張桌子旁走過，朝著這個團體裡的另一位不起眼的男子（除了α以外的任何一位男子）微微一笑。然後你可以在某個安全距離外觀察一下，在這個團體接著會發生什麼事。

你認為會是什麼事？

在你的腦海裡攤開一個完整的團體結構。那位α的威望遭到損傷，這時他必須向「他的」團體證明，自己才是老大。他或許會否定你的魅力，或許會請大家「喝一輪」（α常會做這種事），又或許會朝你走來。他會向其他成員證明，他才是所有人當中最帥氣、最具吸引力的人。如果你讓他碰釘子，他就眞的遇上麻煩了。

我的談判祕訣

- 根據(1)座位安排、(2)發言比例、(3)眼神接觸，分析每個團體。
- 你該如何對付團體裡的成員？

α：承認對方的領導地位，讚美對方，總是徵求對方的同意。

β：在對方所屬的專業領域中向對方提問且認眞看待對方。今日的β可能就是明日的α。

γ：讚揚對方的團隊合作能力，不要特別凸顯對方，否則會讓對方的團體結構產生問題。

δ：不要凸顯對方，但要以彬彬有禮的態度對待對方。

團體裡的每個角色都是重要的，你應該以尊重的態度對待每位成員。

與藥物依賴者談判

你肯定曾與藥物依賴者談判過。有時你會訝異於為何談判夥伴如此喜怒無常。或者，為何對方原本表現得如此專業，可是過了幾個小時之後，卻在談判桌上變得精神渙散。舉例來說，你詢問對方接下來可能的幾個步驟，可是對方在思想上跟不上你的腳步。接著，你又告訴對方談判破局可能遭致的後果，對方卻完全不能理解。

或許談判夥伴的領悟力受到嚴重的侷限，以致他眞的看不出所有的困難與障礙，就連最淺顯的問題，他也無法看出可能的代價與後果。

酒精依賴與藥物依賴（我刻意特別標舉這兩者，主要是爲了讓你知道，酒精依賴也是藥物依賴）都是屬於病態。

處於這樣的病態下，當事人的感知受到嚴重干擾。也就是說，如果你和一個酗酒者進行談判，由於談判夥伴的感知能力受到侷限，你的論述將無法被正確地接收。你有多常跟一個酗酒者談判呢？

統計資料顯示，所有在職人口中，約有一〇％的人有酗酒問題。對你來說，這代表單就統計而言，在你所參與的每十場談判中，就有一場是跟一位酗酒者談判。

我個人並不相信只有一〇％；實際的數字應該更高。當然，由於我過去所受的訓練和從事緝毒工作時獲得的經驗，我對藥物依賴者有著完全不同的認識。從前我在警方負責談判工作時，曾跟許多酗酒或藥物依賴的談判夥伴交過手。

在我的訓練課程上，也遇過不少這種人。

這類病態無法一眼就能看出來。這些人並不會在自己的胸前掛一塊像是「我酗酒」這樣的牌子；也許某些人會有個紅色的酒糟鼻，但酗酒者並沒有那麼容易辨別。酒癮有許多不同形式。有些人是「濃度酗酒者」，他們必須讓自己的血液裡維持一定濃度的酒精，才不會顯露出異狀。有些人是「季度酗酒者」，他們平時很少喝酒，不過，時間一到，他們就會喝得爛醉如泥。另有一些人是「乾枯的」酗酒者，他們如今滴酒不沾，但過去長年喝了很多酒，也許他們這時的理智已如俗語所說的「喝茫了」。

許多酗酒者都有個共同點，就是你難以看出他們是酗酒者，沒有任何你能據以分類酗酒者的經驗法則。然而，這方面的提示卻是有的，而且是明確的提示。有個與我交好的戒癮顧問，本身在過去就是長年酗酒者。從前他經常喝得爛醉如泥，一直到差點自殺，人生才開始發生轉折。在他戰勝自己的酒癮後，成了一名戒癮顧問。在逆風下，遠從一百公尺外，他就能辨別出某人是否酗酒。他的祕訣就是：如果你相信某人酗酒，他就是在酗酒。絕大多數的酗酒者都會竭盡所能地試圖隱瞞自己的酒癮；酗酒者在這方面具有無限的創意。如果你曾見過某人偷偷喝酒，那麼多半就認識了一名酗酒者。

●案例

有一回，為了一個犯罪事件，我們搜索了某位女子的住處。在她的客廳裡，我們發現了數個裝有許多賀卡的洗衣籃。有結婚賀卡、生日賀卡和週年賀卡。我們好奇地詢問她，這麼多賀卡究竟是怎麼回事？她給了我們一個淺顯易懂的解答：當她獨自在超級市場裡購買烈酒或香檳之類的酒品時，結帳櫃檯的服務人員會對她投以異樣的眼光。如果她在購買烈酒時也買一張賀卡，在別人眼中看起來就會截然不同。

結帳櫃檯的服務人員甚至曾對她表示同情，因為她顯然經常受邀，都得破費購買「禮物」。回到家裡，她就把酒喝掉，把賀卡丟進洗衣籃裡。酗酒者的點子簡直多到令人讚歎！

酗酒者會竭盡所能不讓別人看出自己是個酗酒者。

對於談判來說，這項認識極其重要。你肯定曾與酗酒者談判過。如果你問及一場談判的結論或後果，你的談判夥伴可能由於自己的酗酒問題而無法正確評估。並不是因爲他「不爲也」，而是因爲他「不能也」。

你無須偷翻每位談判夥伴的袋子，看看裡頭有沒有小酒瓶或注射器。重要的是，你得知道有藥物依賴問題的人，遠比你所想的要多得多。如果你在談判過程中，感覺到談判夥伴不願理解或看清某些事情，也該考慮一下這當中是否有「癮」的因素。

我曾在某次訓練課程中，認識一位全德國知名的培訓課主持人。他希望在當天能有特別好的表現。或許，爲了保持良好狀態，他當天滴酒未沾。根據我的判斷，他應該是屬於「濃度酗酒者」，這種人需要一定的酒精濃度。眞正的濃度酗酒者會在早餐時喝點酒，藉以讓自己的血液達到所需的酒精濃度。他們必須一整天保持這樣的濃度。一旦濃度下降，就會呈現酒精濃度不足的現象，會顫抖且注意力不集中。這位培訓課主持人當天沒有喝酒，結果就出現了顫抖且注意力不集中的情況。也許一杯黃湯下肚後，他又會恢復良好狀態。

如果我得在當天與他談判，就會將談判延期，或是轉移陣地改去某間酒吧進行。因爲在他當時的狀態下，我們很難與他就事論事地進行談判。

我的談判祕訣

- 探究為何談判夥伴不願讓步。
- 觀察談判夥伴是否為藥物依賴者。
- 讓談判夥伴「沉浸在自己的世界裡」，並利用這樣的情況為自己加分。
- 如果你感覺到談判夥伴是酗酒者，不妨採取以下舉措：
  - ▼勿讓對方察覺你知道他的酗酒病態。
  - ▼把酒精視為普通的東西，設法提供些許酒品。
  - ▼在一杯黃湯下肚後，你很快就會發現對方有多麼「生龍活虎」。
  - ▼將重要的談判議題延至另一天，最好把時間定在一大早。
  - ▼用書面寫下所有的談判議題，設法讓對方在每個議題談完後簽名。
  - ▼如果你想帶點小禮物送給對方，請送些酒品。
  - ▼**困境談判祕訣：**請你邀請談判夥伴上酒吧聊聊。

法則6

破除所有抗拒

勇氣是人最重要的力量，因為它代表著其他所有力量的基礎。

——溫斯頓・邱吉爾（Winston Churchill）

現在談判進入關鍵階段。你已經：

- 分析了動機
- 採取了策略與戰術
- 有效做了論述
- 隨時出招，而且不對對方的出招回以本能反應。
- 明白地展現自己的權力

在大多數的談判中，這時將會簽署一項令雙方都滿意的協議。然而，也許你的談判夥伴一直認為自己能夠片面取勝，他一直想把你逼成輸家，讓自己在這場談判中成為唯一的贏家。他拒絕一項令人滿意的協議，你必須破除這樣的抗拒，從而使他再度讓步。對方的抗拒愈強，你就必須愈堅定地讓他看出你不會放棄。

這不代表你必須向對方的行為做出反應，從而迷失自己的目的。你的談判夥伴加強抗拒——在一個升高局勢的階梯上愈站愈高。請你讓對方看見，你會破除對方的所有抗拒。

你的談判夥伴加強抗拒——在一個升高局勢的階梯上愈站愈高。
請你讓對方看見，你會破除對方的所有抗拒。

你應該始終本於自己所立下的目的，在過程中讓對方清楚看出你不是輸家。

請你破除所有抗拒：

- 警告你的談判夥伴
- 絕對不要把談判夥伴逼到死角
- 讓你的警告影響談判夥伴的情緒
- 不要贏過對方，應該贏得對方的合作。
- 展現你的堅決
- 落實你的警告
- 讓談判夥伴有轉彎的機會
- 絕對不要露出勝利者的微笑

警告你的談判夥伴

如果你的談判夥伴一直看不清楚自己在某個談判議題上的極限，你就必須明確地為對方指出這一點。並非藉由「威脅」，而是透過「警告」。

乍看之下，威脅和警告似乎沒有什麼區別，畢竟在這兩種情況裡，你都在指出談判破局的負面後果。然而，兩者之間卻存在一項重要的差異：

- **警告**：客觀的、帶有敬意的
- **威脅**：主觀的、具有敵意的

警告

藉由一項警告，你可以讓談判夥伴明白，通往有益於雙方協議的道路遭受到威脅，而且如果他離開了雙方共同的這條道路，有危險的會是他。你為對方指出，萬一無法達成協議，將會發生什麼事情。警告是客觀陳述破局的後果，它顯示出什麼事情可能會發生。這聽起來宛如一個你對它毫無影響力的自動機制。你完全不是在對抗談判夥伴，只是客觀地為對方指出談判破局的後果。

此外，還有另一項差異：警告是以畢恭畢敬的態度和中性的口吻提出。你尊重談判夥伴，這時他知道有哪些選擇，可以自己做出決定。

威脅

藉由威脅，你告知談判夥伴，你會讓對方遭受傷害、痛苦或懲罰。你的談判夥伴處於絕境，他會覺得自己被逼到了死角。

絕對不要把談判夥伴逼到死角

每當你把某人逼到死角，對方就只剩一條路可走；但你又橫阻在他面前。這時他會竭盡全力與你拚搏，給你一點顏色瞧瞧。

人們會以睥睨的態度和充滿情緒的口吻發出威脅。你最能在自己身上察覺到這樣的差異。當你以提出忠告的態度且不帶任何情緒地對談判夥伴說話，就是一個警告。然而，當你以氣到發抖的聲音與氣急敗壞的表情向談判夥伴展現敵意，這就是一個威脅。

警告的目的，在於讓談判夥伴明白你所劃定的界限。你所要做的就是清楚定義這些界限，並與對方溝通這些界限。你必須讓談判夥伴知道，劃定這些界限是有道理的，而且維持這些界限對你來說極為重要。你不能讓談判夥伴懷疑警告的嚴肅性。

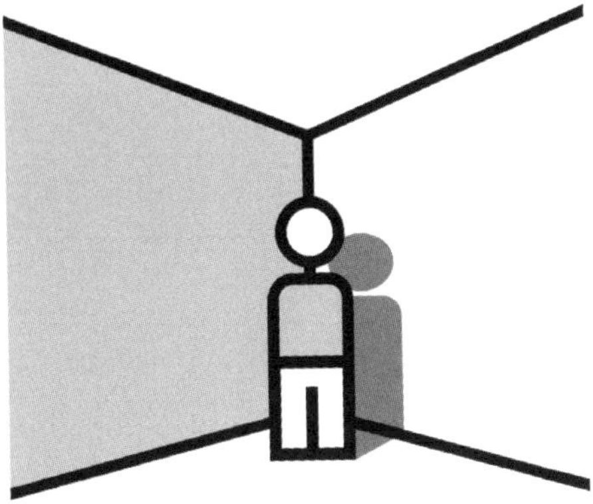

當你提出威脅，就會把談判夥伴逼到死角。

● 案例

在巴爾幹半島上發生戰事的期間，許多政治人物曾提出警告或威脅；然而，說歸說，卻什麼事情也沒發生。南斯拉夫的掌權者們或許認為會叫的狗不會咬人。他們是對的。每天都會有新的政治人物站出來提出一個新警告，然而這些舉動的作秀成分遠多於促成一項有益的協議。

在這方面，有「鐵娘子」（iron lady）之稱的英國前首相柴契爾夫人（Margaret Thatcher），堪為國際談判技巧的表率。她之所以獲得這項封號，是因為她並非只會耍嘴皮，還會實際動手。

在福克蘭衝突期間，阿根廷占領了英國所屬的福克蘭群島（Falkland Islands）。當時的英國首相柴契爾夫人沒有對衝突發表什麼評論，而是派出英國海軍前往福克蘭群島。她沒有在鏡頭前聲嘶力竭地威脅對方，而是藉由自己的作為清楚地向對方發出警告。整起衝突的結果眾所周知，阿根廷人撤離了福克蘭群島。如果當時柴契爾夫人只是在鏡頭前叫囂，威脅將要窮盡一切手段奪回失土，人們也許會認為她只是「一隻會叫的狗」。

請你設法別讓談判夥伴對於萬一無法達成任何協議將會發生什麼事，有錯誤的假設。請你（用言語或行動）讓對方清楚知道後果會是什麼。你現在所發出的一切警告，當然必須兌現。在你動用權力的手段前，請先向談判夥伴發出警告，好讓對方能夠再次考慮他拒絕同意的決定。

讓你的警告影響談判夥伴的情緒

事實上，警告會比動用你的權力手段更有效率。理由在於：警告會在談判夥伴的思緒中「發酵」。

●案例

當我對一名犯罪者提出逮捕的警告後，他的腦海裡將會上演各式各樣的戲碼。逮捕可以是禮貌地請求一同前往警局，也可以是採取某種直接的強制手段，誠如警察職權行使法所述。它也可以是某種會對身體或心理造成嚴重傷害的暴力職權行為。一旦可能造成傷害的暴力行為戲碼在對方的腦袋裡上演，那麼我的警告多半都會奏效。萬一我察覺到在對方的腦袋裡上演的是「不痛不養」的戲碼，就會進一步詳細描述接下來的舉措。

每個人所害怕的後果不盡相同。過去從事緝毒工作期間，有一回，我在某名毒販進行交易時將他逮捕。後來才發現，他是某位知名女性市議員的兒子。我們依照職權告訴他，在遭到逮捕後所具有的權利和義務，並給他與我們合作的機會。接著又告訴他，我們現在要去他的住處進行搜索，而他的住處就是他母親位於市中心的房子。

兒子以毒販身分遭到逮捕，這對他母親的政治生涯來說無異於宣判死刑。在這種情況下很容易構思一個警告。在逮捕後，我們就有了立刻搜索住處的法律基礎。搜索住宅可以採取不同的方式，我們可以和兩名便衣警員悄悄地進門搜索，完全不會讓鄰居發現。我們也可以穿著制服、開著警車、帶著緝毒犬，大張旗鼓地進行搜索。耍點小花招，我們就能把整起事件搞得整個城區人盡皆知。

我們就這樣警告那個年輕人，如果他不肯與我們合作，在遭到逮捕下會有什麼後果。在他的腦海裡，或許浮現了十幾輛閃著警示燈的警車停在他家外面的畫面。在這個案例中，無須我進一步幫對方描繪警告所述的後果，對方就已經知道了。

重要的是，在這個脈絡下，你的談判夥伴也能想像種種後果。

死刑經證實並無什麼嚇阻作用。雖然人人都畏懼死亡，我們卻無法想像死亡。我們並不知道死亡代表什麼。它會涉及怎樣的痛苦？死後又會發生什麼事情？無法想像的，也就嚇不倒我們。

●案例說明

過去在從事緝毒工作時，我發覺藥物依賴者似乎無法想像成癮的後果。所有的恫嚇與警告完全沒有幫助。藥物依賴者的父母往往對於自己所發出的警告近乎絕望。沒有人能夠想像「只為了毒癮而活，滿腦子所想的全是能上哪裡弄來毒品」代表什麼。因此，絕大多數的藥物依賴者很容易就「失足」。「失足」聽起來相當被動，彷彿有什麼人或物絆倒他們似的。藥物依賴者之所以陷於藥物依賴，也是因為事先無法預見種種痛苦。

耐人尋味的是，吊銷駕照卻具有相當強烈的嚇阻作用。如果沒有什麼招數奏效，那麼宣告要吊銷駕照，會是相當具有威力的絕招。一旦我對藥物依賴者表示要通知監理單位，他們多半會變得聚精會神。事實上，即使在沒有發生可歸責的交通事故下，還是可以吊銷藥物依賴者的駕照。在這當中，吊銷駕照是藥物依賴的一項合理後果，不是我對他們的威脅。這樣的警告之所以有效，是因為絕大多數人都會在腦內小劇場上演類似這樣的戲碼：一大早就得起床、冒雨走到公車站、擠滿了人的公車、昂貴的計程車資、朋友們的幸災樂禍、工作不保、晚上無法開車去舞廳。這些後果都是可以想像的，因此相當具有嚇阻作用。

如果你為談判夥伴指出某些後果，請設法讓對方想像那些後果。

或許你的談判夥伴還不知道談判破局的後果。請你向對方提出一些問題，讓對方不得不想一想，萬一不願意達成協議，可能會發生什麼事。你不必為對方把後果描繪成種種嚇人的情節，你只需要讓對方自己勾勒那些後果。如前所述，人們更能接受自己所構思出的東西。請你用現實狀況給對方上一課。

●範例

史上最成功的企業家之一，李・艾科卡（Lee Iacocca），就曾經在美國國會使用這種招數。在一九七九年，克萊斯勒（Chrysler）汽車公司瀕臨破產，為了挽救公司的存續，時任該公司總裁的李．艾科卡遊說了美國國會，請政府幫忙做貸款擔保。此舉引來猛烈的批評聲浪，人們反對政府出手救助一家搖搖欲墜的企業。在國會的聽證會上，艾科卡竭盡所能地嘗試說服反對者。他的方法就是提出一些冷酷無情的「現實考驗」問題，旨在讓人把注意力擺在克萊斯勒公司的請求遭拒後，可能帶來種種令人不愉快的後果。

艾科卡問道：「如果克萊斯勒公司垮了，美國的失業率一夕之間增加了○．五個百分點，這對國家來說到底有什麼好處？如果克萊斯勒公司不得不關門大吉，成千上萬的工作機會流失到海外，這對自由的市場經濟究竟有什麼益處？」藉由指出美國財政部的一項估計，光是在第一年，美國政府就得在失業救濟與社會救助付出多少成本，艾科卡詢問國會議員：「選擇權在你們手上。你們是想立即支付二十七億美元，還是想要為有機會還清的一半金額提供擔保？」

艾科卡直指核心地問道：「你們想要承受拒絕所帶來的種種後果，還是寧可選擇我們所提供的解決方案？」雖然國會議員們基於意識形態的因素反對支持克萊斯勒公司，然而，當他們理解到所面臨的是怎樣的抉擇時，便改變了自己的想法。誠如艾科卡所言：「當他（某位國會議員）了解到，在他的選區裡有多少人仰賴克萊斯勒公司維持生計，意識形態的想法就失去了作用。」艾科卡最終獲得了所需要的貸款擔保。

有效的提問方法

如果我們無法取得共識，會發生什麼事？

艾科卡詢問國會議員：「如果我們無法取得共識，得要付出怎樣的代價？」我問挾持者：「如果我們無法用說的解決問題，你認爲到時會發生什麼事？」這類問題必須「以開放的方式」提出，也就是說，談判夥伴的思緒必須被激發。問題提得愈開放，你的談判夥伴就得動愈多腦筋。暗示性問題，例如「你肯定知道……」在此應該避免。暗示性問題會令你在談判夥伴面前顯得是這場角力的領導者，你想操弄他。暗示性問題往往帶有某種威脅性質，它們彷彿在說：

「嘿，小子，現在讓我這個大師來教教你，什麼是眞本事！如果你不……，那就會……」

如果你想獲得一個長久的協議，威脅肯定會把你帶往另一個方向。唯有藉助有技巧的提問，你才能把談判夥伴的思緒引往你所希望的方向。你在陳述上的補充，例如：「爲了公平起見，我很樂意爲你指出……」可以將對方的思緒引往一個新方向。舉例來說，艾科卡或許可以補充：「爲了公平起見，我很樂意爲你們指出，工會已經……」或許這時在你身上亮起了警示燈，你感覺到這樣的陳述是一種威脅。然而，它並不是威脅，而是警告。

你認為我將會採取什麼行動？

如果你認爲談判夥伴低估了你的實力，不妨問問對方：「你認爲，如果我們無法取得共識，我將會採取什麼行動？」在這裡，重要的是你必須強調對於獲致一個共同解答的期望。你的提問不能帶有威脅的意味，它們應該將談判夥伴的思緒引往一個新方向。

讓我們再度回顧一下我在挾持人質事件中的經歷。那名挾持者會對以下的問題有何想法：「你認爲，如果我們無法取得共識，我將會採取什麼行動？」在我向他表明「我對人質負有責任，不會輕易離開」後，他的腦袋裡必然會思索種種後果。即使他不是警方攻堅策略的行家，也知道整個房子都被包圍了，其他警察正埋伏在附近，而我也會要求特種部隊介入。

根據你的建議，我該做什麼？

這個問題與上個問題都指往同一個方向。你額外地認可了談判夥伴的立場，因爲你徵詢他的建議。你信任對方的專業技能與知識。這也是一段流暢對話的理想入口，因爲對方的思緒再度動了起來。在與挾持者的談判裡，這或許是過多的認可；然而，在大多數的談判裡，這會在論述中產生一個轉折點。

如果你被談判夥伴威脅，請思考一下萬一對方兌現他所提出的威脅，在他的想法中你將會如何反應。請你藉由提問，讓對方看清你不會毫無防禦地任由對方擺布，你會使出對策把事情弄成僵局，甚至不惜兩敗俱傷。請你讓對方明白他的威脅會反過來傷到自己。

不要贏過對方，應該贏得對方的合作

當你對談判夥伴發出一個威脅，就會把談判夥伴變成敵人。他的行動在對抗你，而你的行動則在對抗他。

在你達成一個令人滿意的協議後，還是需要談判夥伴繼續當你的夥伴，因此你必須贏得對方的合作。

讓我們再次回到那個客廳裡的挾持人質事件。我們向那個挾持者表達了，我們要「共同」設法解決目前的困境。

一個「警告」就像這樣：「先生，我們先前已經說好，不想使用暴力。我們向你保證，會在檢察官那裡為你說好話。如果我們不向外面發出解除警報的信號，行動指揮官就會採取下一步行動。到時就會有一隊特警衝進你的房子裡。」

一個「威脅」就像這樣：「先生，如今我們已經多次要求你停止挾持人質。如果你不立刻停止，我們就要呼叫狙擊手動手了！」

在「警告」方面，對方會反思後果；在「威脅」方面，對方則會站到你的對立面，用「要是你……，我就要……」這樣的態度回應。

在一場價格談判中，賣方可能提出這樣的「警告」：「如果是這樣，營業主任就不會支持這個協議，你無法獲得我們原本答應的折扣。」買方則可能提出這樣的「威脅」：「如果你不接受這個價格，我就要親自打電話給你的老闆，問問他，這種固執的態度是不是貴公司所歡迎的？」

這時你的談判夥伴或許會認爲：「這個人以爲自己是誰，居然敢教我怎麼談判？」他會勃然大怒，從此將你視爲敵人。

發出威脅會讓你把談判夥伴變成敵人。

請你贏得對方，變成自己的助力。

我的談判祕訣

- 切勿發出「威脅」。
- 向談判夥伴發出「警告」，藉此贏得對方的合作，共同步上一個令人滿意協議的道路。

展現你的堅決

如果你的警告被無視

然而，如果你的警告遭到對方無視，該怎麼辦呢？可能談判夥伴根本就不相信你，因此你必須讓對方清楚看見警告的可信性。這樣的展現可以在沒有實際行動下，讓對方看到你有什麼打算。

●案例說明

在警方的行動中，這種力量的展現會被斟酌運用。行動指揮的考量包含了警員的衣服和裝備等所有細節。因此，警力可以根據制服來分析。在比較溫和的行動中，警員多半都是穿著「普通」制服值勤，手槍和警棍等武器則會被隱蔽地攜帶，以避免對對方造成不必要的挑釁。警車也會低調停放，不會被人看出警力大量集結。相反的，衣服和裝備也能高度展現出力量與堅決。橄欖綠的戰鬥服、面具、防彈衣、公然攜帶的武器，這一切都明白地顯示警方不是鬧著玩的。至於警車，則會高調停放，大量集結的警力得以被凸顯出來。如果還有一架直升機在行動地點上方低空盤旋，那麼所有人都會很清楚警方勢在必得的決心。

這時候，就算一言不發，也可以發出警告。畢竟，從無數的電視節目中，我們知道唯有狙擊手才會佩戴那些裝備。

這樣的實力展現了警告的可信度。但這不代表這些警力會被實際動用。

如果有人欠你錢，有時你很難拿到那些欠款。在你寫了一大堆催討信並僱用律師幫忙處理後，會發現可能還得等上好幾年的時間，才能真的拿到錢。如果你想討債，在德國有個事務所會用一種不尋常的手段來幫助你。

這家事務所會派出一位身著黑西裝、頭戴黑色高帽的年輕人跟著債務人。這些黑衣人會隔著幾公尺的距離，一直跟在某位債務人後面，當債務人停下腳步，他們就會跟著停下腳步，當債務人進入某棟建築物，他們就會在建築物門口等著。此舉可以保證債務人受到社會大眾的關注；而這正是債務人想要避免的。

如果你想索討欠款，可以對債務人發出警告：

「我們當時取得協議，帳款應該在一個月內付清。由於我往後還想繼續與你合作，因此彼此遵守協議對我而言十分重要。爲了讓雙方日後還能繼續合作，你必須在下週前支付積欠已久的帳款，否則將會有身著黑西裝、頭戴黑色高帽的人一直跟著你。」

如果你的談判夥伴在收到警告後依然拒絕讓步，你就必須採取實際行動。

落實你的警告

你必須讓談判夥伴明顯看出自己無法片面取勝，回歸談判才會對他眞正有利。目的始終都是達成一個令雙方滿意的協議。因此，你採取某些手段，應該只以你達成目的爲限，而不是爲了取勝。

萬一你的債務人不肯付錢，你當然就得落實警告。換言之，黑衣人就得出現。你不妨讓黑衣人在第一天短暫地出現，先別讓你的談判夥伴過於丟臉。如果對方還是不肯付錢，你大可以讓黑衣人全天候出動。

這時，你所展開的每個行動都會導致一個反應。你所採取的方法愈具有攻擊性，談判夥伴就會愈惱火。這會造成你試圖要克服的抗拒變得愈來愈頑強。

請你練習節制，總是牢記最高原則：**不是要取勝，而是要取得一個令雙方都滿意的協議**。

切勿把你的談判夥伴逼到死角，這一點在這種情況同樣適用。一個被逼到死角的敵人格外危險。他會衝動、魯莽地做些不理性的行爲。請你讓對方隨時都有出路，一座對方可以行走的橋。

讓談判夥伴有轉彎的機會

請為你的敵人造一座他能藉以撤退的金橋。（原文：圍師遺闕）

——孫子

當談判夥伴理解你的堅決，你絕不能發出勝利的歡呼。
請你提供對方一條出路，好讓對方能在不失顏面下讓步。

當談判夥伴理解你的堅決後，如果你能爲對方造一座「金橋」，此舉將更彰顯你的專業性。這時，你賦予對方讓步的機會。在這座橋上，絕不允許發出任何勝利的歡呼。對方藉由這座橋走向你，你則有機會左右接下來的方向。

● 案例說明

在與有自殺傾向的人談判時，為了指出一條脫離這種「沒有出路」情況的出路，這樣的「金橋」是不可或缺的。一個有自殺傾向的人在表明將自我了斷後，會把自己置於一個困難的處境中。如果他的自殺企圖遭到阻止，他將被帶去接受醫師的治療，因他有再次企圖自殺之虞。幾乎每個有自殺傾向的人都知道自己在企圖自殺後會被送到「精神病院」。舉例來說，有個人站在某棟房子的屋頂上準備往下跳。然而，他自己還不是那麼確定，否則早就跳了。當你在這時與他談判，他就只有兩種糟糕的選擇：要不就跳下去一死了之，要不就被人送進「精神病院」。

在被送醫之前，還有另一項障礙：他必須從屋頂上下來，還要忍受在場看熱鬧的人，以及記者的閒言閒語，彷彿在遊街示衆，而且在他被帶往警車的途中，還得飽受人們視他為「魯蛇」的眼光。至少對於這項障礙，我們必須提供一個解套的方法。我們會答應有自殺傾向的人，他可以穿上一件消防員制服。藉助這件制服，就可以在不被人認出的情況下坐上警車。克服這項障礙，往往是阻止自殺企圖的關鍵步驟。我們為對方提供了一座「金橋」，一條脫離這種困境的出路。

過去，我身爲年輕員警，還在談判心理學的學步階段時，有位經驗豐富的警務心理學家指導過我。他曾說：「馬提亞斯，你不妨將所有人類的行爲分成兩類：一種是讓人臉上有光，一種是讓人臉上無光。在你所進行的每場對話中，都該牢記讓對方保住自己的顏面。」他還告訴我一些中國古代的智慧，還有遠東地區的一個談判原則：讓人臉上有光，是談判最重要的要素。

過去在擔任巡邏員警時，我曾經測試這項原則。即使是最輕微的交通臨檢，我都會留心讓接受盤查的人能夠保全自己的顏面。舉例來說，當某位開車載著家人的父親接受盤查時，我們總會讓那位父親下車。我們會請他走到警車那裡，再告訴對方盤查的原因。即使是被開一張小小的罰單，例如超速行駛被罰五十馬克，在家人面前都是一種「失敗」。如果父親在家人面前被罰，他必然得扮演一下一家之主的角色。他得讓警察瞧瞧，人們應該如何對待像他這樣的一位男性。如果是在家人的視線之外進行開罰，在絕大多數的情況裡，都能讓受罰者保全顏面。當他回到家人身邊，大可以說些自以為是的話。藉助這種簡單的對話策略，既不會製造麻煩，也不會引發抗拒。

你應該把一座「金橋」修築成令人滿意的協議就在橋的另一頭。不過，你所修築的「金橋」也不宜過寬，至少應該狹窄到對方再也不能走偏，而且不能決定是否要掉頭。最好的方法是，你在橋上安裝一條輸送帶，自動且迅速地將對方送往橋的另一頭。

如果談判夥伴不上橋

你必須讓談判夥伴看出你不是在吹牛

假設你爲談判夥伴提供了一座橋，他卻不肯利用。你該怎麼辦？

這時，你必須採取自己預告過的種種行動，如果在這時退縮，就會顏面盡失，受人訕笑。

你必須藉由採取自己預告過的種種行動，行使自己的權力。這種權力行使十分重要，它能讓談判夥伴看出你是非常認眞的。

不過，請你注意：「這下子我絕對要讓你見識我的厲害！」這樣的感覺，或許會左右你後續的行爲。這時，你把談判的目的擱在一旁，投入一場戰爭。對妻子提出離婚、對顧客斷絕往來、對老闆大呼小叫。你竭盡所能地試圖逼迫談判夥伴俯首稱臣，好讓對方接受你的要求。可是對方不會接受。

在談判的這個階段，請你注意應該有意識地運用權力做爲達成目的戰術。因此，請勿做得太過分；你所要的是與談判夥伴達成一個令雙方都滿意的協議，而非戰勝對方。

如果你展現出過多的權力與攻擊性，將引發談判夥伴的奮力抵抗，甚至對你發動反擊。由於你惹怒了對方，這股怒氣將賦予對方新的活力。這時，對方會更堅守自己的立場，原始的獸性會促使對方竭盡所能地對你還以顏色。

如果你不相信，不妨想想那些典型的離婚過程。人們常說的「玫瑰戰爭」（war of the roses），使得原本的佳偶成了仇敵。每當有一方發動一項新攻擊，另一半就會對此予以回擊。如果有機會，你不妨去跟剛離婚或分手的友人聊聊，請你在對話過程中留心對方的情緒；他們是帶著怎樣的憤怒、不滿、怨恨及受傷的自尊，在談論他們與伴侶的相處。這會讓你難以置信，如今鬧翻的伴侶在過去居然曾經共同生活了數年或數十年的光陰。

請你具有建設性地行使自己的權力

一般說來，權力往往會被沒有建設性甚或破壞性地行使。如果談判夥伴給了你一個打擊，你當然會想要給對方一個懲罰。如果你在這樣的爭鬥中耗費愈多時間、精力與金錢，就會愈想獲得回報；對方最終必須爲招惹你付出慘痛的代價。

你肯定也發現到了，在這個階段已經不太會去傾聽與表示理解。然而，這其中存在了在一次衝動下就把所有談判技巧統統丟掉的危險。

最大的錯誤，就在於把「權力」和「談判」分開。爲了讓談判夥伴難以說「不」，又能輕易說「是」，你應該反其道而行；換言之，你應該把權力的運用視爲構成談判整體的一部分。你的目的始終都是「一個令雙方都滿意的協議」。你應該運用權力促使一個背道而馳的反對者，走向一個達成共識的協議，而不是去戰勝對方、獲得勝利。

在巴爾幹半島上發生戰事的期間，聯合國的武力曾被用作整體談判策略的一部分。聯合國的部隊與南斯拉夫的部隊交戰，是以把南斯拉夫的領導人逼上談判桌為限。一旦南斯拉夫的領導人撕毀協議，聯合國的武力就會再次出動。只不過，這是在策略框架中，而不是為了把另一方毀滅。

在這種情況裡，你應該繼續遵循自己的談判路線，不該爲了權力遊戲而犧牲談判路線。如何讓雙方的立場都能獲得滿足，這個目的應該維持，還要能夠滿足你們的共同利益，也就是要避免一場破局的談判所招致種種令人痛苦的後果。你的態度應該一直保持像是一位尊重對方的顧問，而非一個敵人。請你別把對方視爲敵人，應該把對方視爲讓你看見事情不同面貌的一位夥伴。那樣的面貌是談判夥伴基於自己的主觀視野所見；他有自己見到的面貌，你有自己見到的面貌。

這時，行使愈多權力，就得花愈大的心力去弭平權力行使所引發的反彈。你愈強烈打壓談判夥伴，就愈難在日後促成與對方的合作。你當然可以動用所有權力，盡情地發動攻擊。問題是，就長期而言，這樣的作法眞的值得嗎？

因此，請你運用權力促使談判夥伴睁開雙眼，而不是打倒對方。

請你回想一下先前曾經提到的那位「自殺的挾持者」。我們告訴那位挾持

者：他是贏不了的！在他的觀念裡（也許是來自推理小說或警匪片），挾持者在脫逃時會得到護送。因此我的任務就是消除他的這種幻想；不是藉由對他發出威脅，而是藉由為他描述從我的角度所看到的情況。站在我的視角，看不到任何屬於他的勝利，相反的，他的前景十分堪慮。

請你讓談判夥伴明白談判破局的後果與代價。這時，你的談判夥伴將面臨抉擇，是要堅守自己的立場，還是要踏上你爲他提供的橋梁。

如果談判夥伴上橋

如果你的談判夥伴衡量了上橋的利弊得失，最後得出利多於弊的結論，他會寧可上橋。因此，上橋的益處應該如同大型廣告看板那般清晰可見地懸掛在橋的另一頭。請你告訴談判夥伴，在他上橋後能夠獲得的利益。請你肯定對方明智決定的正確性，在對方後續的步驟中幫助他。

絕對不要露出勝利者的微笑

這時，絕對不要露出任何傲慢的勝利者微笑。高興可以，但必須是針對達成共識。你不能有勝利者擊潰敵人的感覺。如果你還是覺得自己是勝利者，請盡力自我克制。如果一個人在此時顯露傲慢，就會為下回的衝突埋下種子。

歷史學家咸認為，第一次世界大戰後的〈凡爾賽和約〉（Treaty of Versailles）就是第二次世界大戰的起跑信號。戰勝國的傲慢與過分的要求，正是滋養下一場衝突的溫床。納粹黨人的口號：「撕毀〈凡爾賽和約〉！」受到了飽受屈辱的德國人的支持。後來所發生的事情眾所周知。

傲慢的態度不只會激發談判夥伴的抗拒，對方也不樂意遵守協議，或許他會嘗試在適當的時機下破壞協議。一個被迫接受的解答，總是一個不穩定的解答。

英國前首相班傑明．迪斯雷利（Benjamin Disraeli）曾告訴外交官們：「最重要的是要知道何時必須利用優勢；第二重要的則是要知道何時應該放棄優勢。」

請你將這個最高原則謹記在心：你想要的是一個令雙方都滿意的協議，而非勝利。

我的談判祕訣

- 展現自己的實力與堅決。
- 如果談判夥伴不願讓步，請落實你的警告。
- 總是開個後門，好讓談判夥伴能在不失顏面下撤退。
- 總是謹記自己的目的：你想要的是一個令雙方都滿意的協議，而非勝利。
- 明白指出你所劃定的界限。
- 不要發出威脅，攻擊行為不會帶你達成目的。
- **困境談判祕訣**：請你發出警告，指出談判破局的後果。
- 以尊重的態度對待談判夥伴。
- 運用你的權力，促使談判夥伴朝共同的目的退讓。

- 說服談判夥伴，他是不可能獲勝的。
- 為談判夥伴指出後果；此後果必須是可以想像的。
- 詢問對方談判破局的後果。
- 修築一座「金橋」。
- 當談判夥伴踏上這座橋，請你忍住勝利的歡呼。
- 讓談判夥伴能夠維護自己的顏面。

法則7

設法維持協議

思考是簡單的，行動是困難的，將思想付諸實行則是世上最困難的。

——歌德

恭喜你！終於跟談判夥伴達成一項令雙方都滿意的協議。現在你要做的就是確保協議的維持：

- 能夠信任很好，能夠掌控會更好。
- 制定一份詳細的行動計畫
- 安排一場「隆重的」閉幕
- 肯定談判夥伴的決策正確性

在簽名之後：能夠信任很好，能夠掌控會更好

請你在協議中詳細確定什麼人必須做什麼事，萬一這項協議未被遵守，又會

有什麼後果。

或許你的談判夥伴會藉由表示自己的可靠，來規避這樣的明確規定。諸如「你可以信得過我」之類的話，你肯定經常聽到。這類言語的狡詐之處，在於身爲一個「人」的你受到了刺激。如果你否定這樣的答案，會害得整個協議碰壁。如果你肯定這樣的答案，無異於立刻取消了自己所要求的控制。

因此，把這種問題的回答從你身上移開，是很重要的。一個像是「我們當然相信你！」之類的答案，在這種情況會很有幫助。如此一來，你就可以把責任丟給另一個「更高的權威」；現在你應該明白「更高的權威」的重要性了吧！你可以指向上司或律師。「我當然信任你。不過，公司並不是我一個人說了算，而且我有義務請法務部門的法務人員共同參與。所以，不是我不相信你，而是因爲依照公司的規定，我得將協議呈報給法務部門。」請你讓整個過程顯得宛如某種自動機制。

詳細確定協議内容，避免任何詮釋空間

遺憾的是，經常會發生協議不夠明確的情況。雙方無人「確實」知道自己該做或不該做什麼事。於是，你會發現和談判夥伴對於同樣的事情有不同的詮釋，然後從中產生了種種指責，你們互控對方不老實。

其實你很容易就能避免這樣的問題。在談判後，可以做一個口頭的和一個書面的總結。「爲了讓我們對於談判結果能有同樣的解釋，最好再次重述一下談妥的議題。」並立即補充表示，你將提一份關於談妥議題的書面總結。

避免意見分歧最好的方法，就是在談判之後立刻簽署書面總結。請你再次詳述談妥議題的細節，並讓所有參與者在這份總結上簽名。請你留心團體結構，將這份文件先交給 α（領導者）。一旦他簽了名，其他參與者都會簽名。

如果你事先沒有預期做書面總結，爲了自我保護，你可以在未受請求下寄給對方這樣的書面總結。

請你預防「要是我知道的話……」這類藉口

為了能夠獲得對方的確認，你應該附帶地寫上一句：「這些要點是在談判後隨即以書面寫下。如果你不在……之前以書面表示反對，我將認為你同意這些內容。」如果這時沒有任何參與者提出異議，之後就沒有人可以推卸責任。在這種情況下，諸如「要是我知道的話……」之類的藉口，你大可置若罔聞。

以書面形式寫下協議

如果一項協議不被落實，它們就只是被寫在紙上的一些沒有價值的文字。因此，請你在草擬協議時立好以下的基石：

- 將協議擬成你無須做任何預先給付。直到談判夥伴證明他也遵守協議的內容，你才提出給付。請你不要相信空口白話，應該相信實際行動。
- 讓談判夥伴以實際行動來說服你，不要被誓言所蒙蔽或欺騙。當你確定（不是當你相信）你的給付會獲得相對的回報，就可以實現協議的內容。請你在契約中放入談判夥伴應該支付的訂金。

唯有當談判夥伴覺得雙方共同決定了談判結果，才會感到自己受一項協議所拘束。因此，在這個階段裡，你不能施加任何壓力，必須耐心等待對方的決定。爲了不去催促對方，你必須將速度從談判中移除。這時你的談判夥伴需要時間，藉以再次整理自己的思緒。請你給予對方時間，也給對方顧全自己顏面的機會。請你退後一步，靜靜地等待。爲了使協議可長可久，這個決定必須要由對方親自完成。

根據我的經驗，在這種情況下，談判夥伴會帶著一個微不足道的要求回歸。他們會先表示，「我同意，如果……」，接著提出某項根本就不足以稱之爲要求的要求。這只是一種象徵，他們想要顧全自己的顏面，因此還想達成一些什麼。請你同意這些要求，進而促成一個可以長久的協議。

我經常遇到對方在談判尾聲突然又針對一些不重要的小細節提出爭議，它們的重要性與在關鍵階段裡談判破局的危險，完全不成比例。

因此，請你在談判的開始與中間階段，對於讓步或妥協採取比較嚴格的態度。如此一來，到了談判的尾聲，就可以比較大方地對於自己的立場做出讓步。藉由這樣的方式，你可以讓談判夥伴感覺到，他在最終為自己添得一些分數。在這種情況下，他將會帶著某種勝利者的感覺，著手進行簽約的工作。

在簽約時，請你讓談判夥伴看起來像個勝利者。請你讚揚對方進行了一場你著實不易招架的談判，給予對方「確實是個不好應付的對手」之類的回饋。對方的專業性著實令你留下深刻的印象。

讚美你的談判夥伴

請你「隆重地」安排文件的簽署儀式；當然是要在一個相符的框架中。讓談判夥伴先行，藉此來表現你的敬意。請你準備一支鋼筆，不要用原子筆。所有的這些「細節」會讓人留下深刻的印象。一頓慶祝大功告成的餐會也是理所當然的。

肯定談判夥伴的決策正確性

你的談判夥伴必然會多次合理化自己對於協議所給予的贊同；有一部分是對他自己，有一部分則是對他周遭的人。

當你買了某些並非生活必需品的東西，例如一件新夾克，你就會明白這種合理化的感覺。在你為那件夾克付了錢之後，會為自己找一些理由來解釋為何這件夾克如此重要。當你說服了自己購買這件夾克的正確性之後，你也會說服周遭的人關於此舉的正確性。在這當中，周遭的人（例如配偶）是否詢問購買的理由，完全無關緊要。

因此，請你給予談判夥伴一個合理化的證明，好讓對方眞正確定自己做了正確的決定。你不妨告訴對方：「我敢肯定，藉由這項協議，你將會達成……」此外，給予對方一個用以說服周遭人的證明，也十分重要：「我敢肯定，你的老闆會把這項協議視爲貴公司的成功，因爲……」

我的談判祕訣

- 能夠信任很好，能夠掌控會更好。
- 詳細確定協議內容，避免任何詮釋空間。
- 將協議擬成你無須做任何預先給付
- 相信實際行動，不要相信空口白話。
- 讚美談判夥伴所表現的專業談判風格
- 「隆重地」安排簽約儀式
- 肯定談判夥伴的決策正確性

後記

我們最大的勝利不在於永遠不跌倒，而在於每次跌倒後總能再度站起來。
（原文：過，則勿憚改。）
——孔子

我還欠各位讀者關於那個「自殺的挾持者」事件一個交代。那名挾持者最後選擇放棄。他想到自己和妻子的後果，決定踏上「金橋」。在逮捕時，他沒有任何反抗，只是放棄。在被捕後，他被帶往醫院；具有自殺傾向的人在企圖自殺後，總會被送醫治療。我不知道在那之後他有怎樣的遭遇。

我在從事警務工作時遇到的談判夥伴，絕大多數都沒有再見過面。我並不害怕再次見到他們，因爲我都是以公平的態度跟他們談判。這不代表我做對了一切。我也曾犯錯，也曾陷於被動反應而非主動出招，或是採取了錯誤的戰術。

即使讀過了這本書，你難免還是會在談判進行中犯錯；不過，你倒是可以帶著更多「工具」與更大的信心投入困難的談判。你應該本於前述孔子的箴言去面對困難的談判。就算困難，請你繼續談判，別怕跌倒，萬一跌倒了就再次站起來。藉助每場談判，你會學到更多，變得更好且更有自信。

在我從事緝毒工作期間，曾有個非常厲害且專業的毒販做爲「敵手」。有時警方可以掌握罪證並逮捕他。在此過程中，我們彷彿在進行某種「運動競賽」。他希望自己的生意能夠不受打擾地經營，我們則希望破壞他的每筆交易並逮捕他。

在他變得過於「炙手可熱」後，索性返回在義大利的故鄉。大約就是在我從緝毒工作退下，轉而求學的時期。

多年後，我在德國的某義式酒吧再度巧遇他。我們一起喝了卡布其諾，聊了從前「貓捉老鼠」的往事。閒聊中，他還恭維了我幾句。他覺得我是個非常堅定也十分公平的談判夥伴。他一直都知道可以信賴我，我不會耍些卑鄙的詭計。

這正是我要告訴你的最重要談判祕訣：**請你堅定且公平地談判！**

祝你在談判中一切順利。

在佛萊辛，二〇〇一年八月

重點摘要與工作手冊

這個重點摘要將會提供對於整個談判過程及所有重要談判祕訣的一個概觀。你可以利用它為每一場談判進行準備，或是在某個談判的過程中把它當成工具書來使用。

藉助問題集，你能針對自己與談判夥伴的行為，進行詳細的分析，此外，你還能擬定談判目標、談判策略及所屬的戰術。我建議你，對於所有附有箭頭的問題，最好全都在單獨一張紙上作答，藉以讓自己在準備工作中明瞭所有的談判程序。

指導方針以圖表的方式呈現出整個談判過程。你可以一目了然地看出，萬一談判夥伴不願具有建設性地合作，你該如何因應。談判夥伴每多表示一個拒絕，你就必須更強硬一階，好讓談判夥伴能夠看出他無法片面取得勝利。

如果談判夥伴退讓一階，那麼你隨時都能轉向一個令雙方都滿意的協議。

請你落實警告 → 協議與請你修築一座橋

7. 協議的長久維持

↑

談判夥伴不讓步

↑

6. 破除抗拒—請你發出警告 → 協議

↑

談判夥伴不讓步

↑

5. 展現你的權力 → 協議

↑

談判夥伴不讓步

4. 出招（主動行為）取代接招（被動反應）—
請你取得主導權

把問題丟給對方 → 協議

↑

談判夥伴變得具有攻擊性 → 協議

↑

3. 藉助正確的論述說服對方

你會提出哪些論述？

2. 策略與戰術

你和談判夥伴有何目標？

你和談判夥伴有何策略？

你和談判夥伴有何戰術？

1. 在談判前與談判中分析談判夥伴

他有怎樣的立場？

他背後有怎樣的動機？

語言和肢體語言的分析

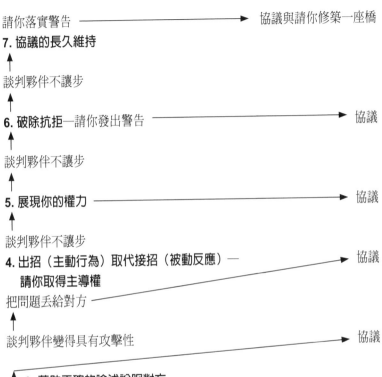

為何某場談判對你而言是困難的？

你在一開始就該問自己的一個重要問題是：爲何某場談判對你而言是困難的？問題不在立場之間的差異，而是「你」處理它們的方式！如果你想了解自己的行爲，「**談判劇本**」將能給你幫助：

1. 請你約略地寫下談判的起始狀況，再想一個形容此狀況的簡要關鍵詞。
2. 把這個關鍵詞當成標題寫在表格上。
3. 把談判夥伴的行爲與陳述以及你的回應，盡可能詳細地寫在預留欄位上。你最好按照原本的談話寫下對話，藉以讓自己擁有一個談判的劇本。
4. 在左頁的欄位裡寫下你的體認，例如「當時我覺得無助」或「這讓他感到訝異」。

5. 在做完每場困難的談判後填寫這個表格，並且補充你的新體認。

6. 藉助你從本書獲得的種種訣竅，就能找出因應許多困境的解方。

1. 困難狀況的描述

______

______

______

2. 形容狀況的關鍵詞：______

3. 談判的劇本：

談判夥伴：______

我的行爲：______

評論：______

你不妨藉助「談判劇本」分析一下爲何某場談判對你而言是困難的？

請你藉助「談判劇本」分析一下自己的談判行爲，好讓自己看出哪些狀況對你而言是困難的，需要哪些狀況的解方。

我的談判祕訣

- 針對每個困難的談判，了解一下為何這場談判對你而言特別困難。
- 請你研究一下哪些因素造成了這樣的主觀評價。

法則1　分析你的談判夥伴

為了妥善為談判做好準備，你需要了解一些事情，包括談判夥伴所屬的企業、同事或員工、社會背景等。如果你面臨的是一場困難的談判，會比談判夥伴需要了解更多事情。在談判前與談判中，你都可以藉由徹底的分析以獲得所需的認識。

在談判前分析談判夥伴

你的談判夥伴有何立場與動機？

「**立場**」就是談判夥伴對外提出要求或主張的立足點。

↓你的談判夥伴有何立場？

↓他對你有何要求？

「**動機**」就是談判夥伴（無論他的立場為何）所需要或擔心的事物。

↓根據你的推測，對方的要求背後隱藏了什麼樣的動機？

當你在為談判做準備時，不要執著於立場；無論是談判夥伴的立場或自己的立場。當你的腦袋裡有立場，就會去思索要求而非動機。「要求」多半含有限制。一旦談判夥伴聽到了含有某種限制的要求，他會更強調自己的立場，更堅持由他那一方所提出的某些限制。

● 準備工作的檢查清單

動機分析必須結構嚴謹且目標明確地進行，以下的問題能在這方面協助你；所有問題都經過了無數談判準備工作的驗證。在準備時，請問問自己這些問題：

↓我方的什麼人對於談判結果感興趣？
↓對方的什麼人對於談判結果感興趣？
↓我有什麼動機？
↓對方有什麼動機？
↓對於談判結果感興趣的那些人有什麼動機？
↓爲何我有這些動機？
↓爲何談判夥伴有這些動機？
↓談判夥伴期待哪些利益？
↓我能給予對方哪些利益？
↓我如何擴大自己的利益？
↓我如何擴大對方的利益？
↓我已經放棄了什麼？
↓我對這場談判有怎樣的時間框架？
↓有怎樣的期限？
↓對於這場談判，我需要哪些形式上的前提條件？

談判夥伴期待什麼內容？

請你提早整理出一份想在談判中提及的內容清單。

你的談判夥伴期待什麼內容？

爲了讓協議能夠付諸實現，哪些問題必須獲得答覆？

這些問題必須反映你的**動機**與談判夥伴的動機，而非**立場**。請你根據這些問題排列成一份優先順序清單。什麼事情必須、什麼事情應該、什麼事情可以被提出來談判？

優先順序1 ______

優先順序2 ______

優先順序3 ______

優先順序4 ______

優先順序5 ______

有時，在親自會面之前，先將談判內容告知談判夥伴，會很有助益。只不過，請你務必留心切勿在其中提及立場或目標。如果你透露自己的目標，談判夥伴就會有許多時間分析這些目標，進而針對它們做好防備。因此，請你單就情況或問題做客觀的描述；別描述你對情況或問題所採取的立場。你可以讓談判夥伴知道所要談判的內容，但無論如何絕不能將某種資訊優勢拱手讓給對方。

請你根據以下模式爲內容做準備：

→我想達成什麼？
→談判夥伴想達成什麼？
→彼此間存在哪些差異點？
→彼此間存在哪些共同點？
→哪些方面可以妥協？
→哪些方面不能妥協？
→我能提供什麼？對方對什麼感興趣？

我的論述：

↓從我的角度看來，什麼事情支持它？

↓從我的角度看來，什麼事情反對它？

對方的論述：

↓從對方的角度看來，什麼事情支持它？

↓從對方的角度看來，什麼事情反對它？

設法獲取重要的資訊

由於你不會也不能完全相信談判夥伴，因此應該設法透過別的管道獲取所有必要的資訊。

網路

談判夥伴或其所屬企業的網頁會提供大量的資訊。諸如「夥伴」、「我們的團隊」或「關於我們」之類的連結，會帶我們了解某個企業的經營哲學。在這當中，我們可以了解什麼才是該企業眞正看重的事情。你不妨使用不同的搜尋引擎輸入談判夥伴的名字進行搜尋，所得到的連結會指引我們找出包括出版品、客戶往來與新聞報導在內的相關資料。你可以從中探索出當前的問題，進而做出相應的目標設定。根據出版品與新聞報導，你能看出對方在對外溝通時的定位。

允許該企業定期寄發業務通訊給你，也會很有幫助。

詢問員工

你是否認識新的談判夥伴的同事或員工？如果認識的話，你不妨打個電話給對方，探聽一下你所需要的資訊。如果你完全不認識那個企業裡的任何人，不妨直接打電話跟談判夥伴的祕書聊一聊，你可以開門見山地把情況告訴對方，你將訝異於想要獲取有關資訊的要求會被直接處理。

觀察你的談判夥伴

觀察談判夥伴也是獲取資訊的一種方法。

如果你本身想用「密探的方式」蒐集資訊，請務必留意法律的規定。針對談判所做的錄音或錄影，都必須取得談判夥伴的同意。否則你可能會觸犯刑法！

我的談判祕訣

- 請你在談判之外守口如瓶，切勿洩漏任何資訊。
- 切勿在毫無看管下隨意放置含有重要資訊的文件，除非你有意要誤導談判夥伴。

●為談判做準備的小建議

備妥你的資料

有鑑於你的資料所顯現出的專業性，談判夥伴會認爲你已經做好妥善的準備。你不妨在資料夾上畫談判夥伴或其所屬企業的標誌。你可以攜帶其他企業製作的一些文宣品，也可以把解說材料與支持論述的種種證據一併帶去。

→哪些資料有助於談判？

創造一個有利的氛圍

「氣氛愈良好，就愈容易取得贊同。」這是一條古老的談判原則。請你設法讓談判夥伴眞正感到舒適。飲食的選擇切勿輕忽。

→談判該在哪裡舉行？

邀請正確的人參與談判

請你邀請有益於達成某個有利協議的相關人士，參與談判。

→這些人應該參與談判：

在談判中分析談判夥伴

進行分析的傾聽

談判心理學的要素之一，就是正確**理解**談判夥伴。唯有正確地理解，我們才能採取正確的策略，針對正確的益處進行溝通。

「傾聽」代表著允許對方暢所欲言，並且嘗試理解對方爲何會表述某些事情；也就是說，專心聆聽對方的陳述，而不在當下思索自己的想法或意見。

因此，當你在傾聽時，請停留在談判夥伴的陳述上，別讓結合拉開了你的注意力。分析的傾聽是可以學習的。請你仔細聆聽，彷彿你必須複述自己所聽到的內容。你可以用像是「如果我理解得沒錯的話，那麼……」這樣的話來做爲複述的起頭。請你確認一下自己是否正確地傾聽了。

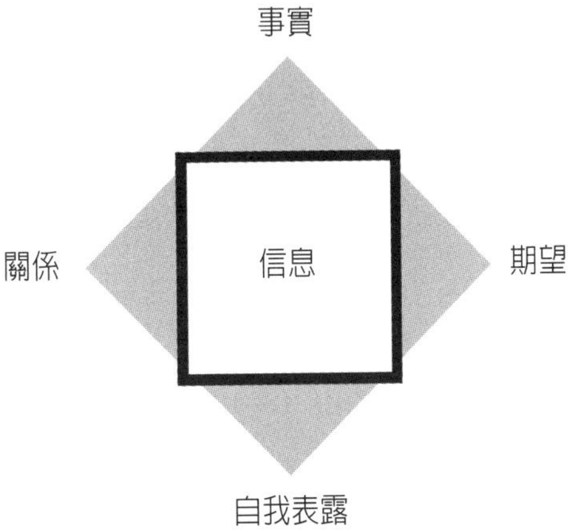

舒茲·馮·圖恩的「四面模型」

分析談判夥伴的語言

請你分析在一場重要談判中所記住的一個句子。

- **事實**：事實層面總是關係到某項論斷。

↓在那個句子裡包含了什麼樣的事實論斷？

- **期望**：在每個表達中都含有某種期望，某種做什麼或不做什麼的要求。

↓在那個句子裡包含了什麼樣的期望？

- **自我表露**：你的談判夥伴表達了

身爲一個人的什麼事情呢？

↓在那個句子裡包含了什麼樣的自我表露？

●**關係**：這個面向顯示出你和談判夥伴處在怎樣的狀態，對於彼此採取怎樣的態度。

↓你和談判夥伴處於什麼樣的關係？

↓你與對方是平等的，還是高於或低於對方？

在分析一項陳述時，考慮信息的這四個層面十分重要。事實層面與期望層面相對容易辨識，至於自我表露層面與關係層面，就需要高度的聚焦與專注。

↓爲了能夠正確地分析，我要提出怎樣的問題？

如果你能說明提問的理由，談判夥伴就會回答你的問題。如果不說明理由，你的分析可能會被賦予盤問的性質。談判夥伴會覺得自己被「審問」，將拒絕你的提問。因此，在你提出第一個問題前，應該先爲自己要做的分析說明理由。

你可以使用這樣的陳述，「爲了能夠正確地幫助你，我需要對於……有個清楚的了解……」這時談判夥伴就會知道，你的提問是為了他的利益著想。

如果動機無法被清楚地表達是因為它們未被談判夥伴清楚地認識，這時你的任務就是凸顯動機。藉由談判夥伴自己說出動機，而不是由你點出動機；無論如何，你絕不能說破那些動機。

請你藉助以下這些問題來進行利害分析：

↓現在的情況是如何？

↓你設定了怎樣的目標？

↓在達成目標的路途上存在哪些問題？

↓假設你「沒有」達成目標，對你而言代表什麼？（負面暗示）

↓假設你達成目標，對你而言代表什麼？（正面暗示）

↓在這個你所描繪的解答中，你看到了什麼好處？

在此我要提醒你，切勿犯下一個大錯；千萬別告訴對方，如果對方什麼也不做，可能會發生什麼事；你應該詢問對方。如果你把可能會發生什麼事告訴對方，這聽起來會像是某種威脅。在負面暗示後，就要提出正面暗示。在你成功引領談判夥伴進入一種反思的心境後，必須恢復正向思考的氛圍。請你重新利用追問去放大願望（動機）。

分析談判夥伴的肢體語言

肢體語言不是「瞬間攝影」，而是一種過程。

因此，請勿過於專注在談判夥伴某一瞬間的肢體語言，而應留心對方的姿態在整個談判過程中的變化。當你提出某項新論述，談判夥伴做何反應？是比較偏向贊同，還是比較偏向反對？當你提出某項報價或限制，對方又是做何反應？

當你或對方在論述時，請仔細觀察談判夥伴的肢體語言。請你留心肢體語言的變化。這些變化會透露出談判夥伴的情緒狀態。

→我觀察到了哪些肢體語言上的變化？

我的談判祕訣

- 只要你忙著處理組織或內容方面的事情，就無法真正聚焦於談判夥伴。因此，請你善用準備工作，藉以在一場談判前就先搞定所有之後會讓你分心的事情。
- 在你為一場談判預做準備時，請盡可能專業到讓自己在談判過程中完全專注於談判夥伴。
- 請你探詢立場並分析談判夥伴的動機。
- 每個由某人所「發出」的信息都能拿來分析。
- 在每個表達中，請留心關係層面。
- 學習分析的傾聽。
- 在每個立場背後，都有個帶著願望和焦慮的人。
- 切勿滿足於某項立場；請你追問動機。
- 提出正確的問題；正確的問題就是所有引你走向動機的問題。
- 在你提出第一個問題前，先為提問說明理由。

- 假設不怎麼樣……＝負面的暗示。
- 假設怎麼樣……＝正面的暗示。
- 讓談判夥伴自己說出有益於他的好處。
- 刻意做個暫停或休息。
- 蒐集盡可能多的資訊。
- 想想談判的成功，切勿輕言放棄。
- 在你和談判夥伴之間營造一種平衡的態勢。
- 肢體語言是一種過程，絕非一種「瞬間攝影」。
- 在談判過程中，請你留心肢體語言的變化。

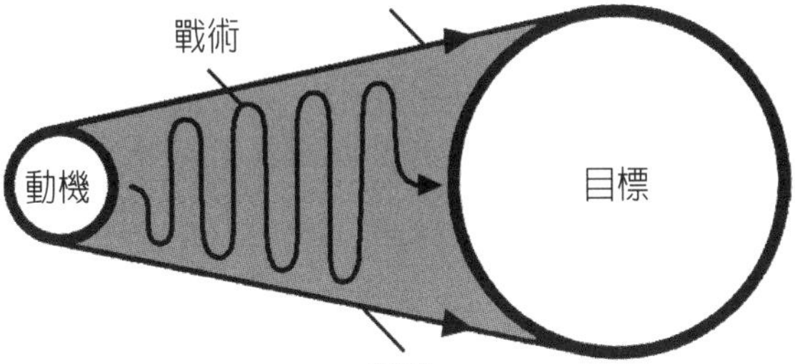

根據你的動機，計畫談判的目標、
達成目標的指導方針（策略）和具體實現策略的戰術。

法則2 有助於追求目標的清楚策略

在知道你和談判夥伴各有怎樣的動機後，可以開始著手以下的事情：

- 目標
- 策略
- 戰術

所謂的「**目標**」就是可以估算、可被明白確定的結果。也就是說，在談判之前，你要先思考一下想達成的是什麼。在這當中，重要的是除了最佳目標以外，你還得思考最低目標。

↓對於你面臨的談判，有怎樣的最佳目標？

↓對於你面臨的談判，有怎樣的最低目標（絕對的底限）？

所謂的「**策略**」就是對於整個談判過程的上位指導方針，它將引領你從動機走向目標。

↓對於你面臨的談判，至今你採取了怎樣的策略？

所謂的「**戰術**」就是具體實現策略的個別行動。

↓對於你面臨的談判，至今你採取了怎樣的戰術？

策略

基本上，策略的規畫有四種可能：

● 施壓

- 閃避
- 順從
- 合作

策略一：施壓

當你對談判夥伴強力施壓，就是打算成爲贏家，想要獨自達到你的談判目標。在這當中，談判夥伴發生了什麼事情，對你來說都無所謂。重要的是，你達成了目標。

策略二：閃避

在閃避方面，你放棄某種要求、某項合作或某個令人滿意的協議。你避開衝突，避免與談判夥伴發生任何爭論。當你想讓某項要求落空，閃避只是一種戰

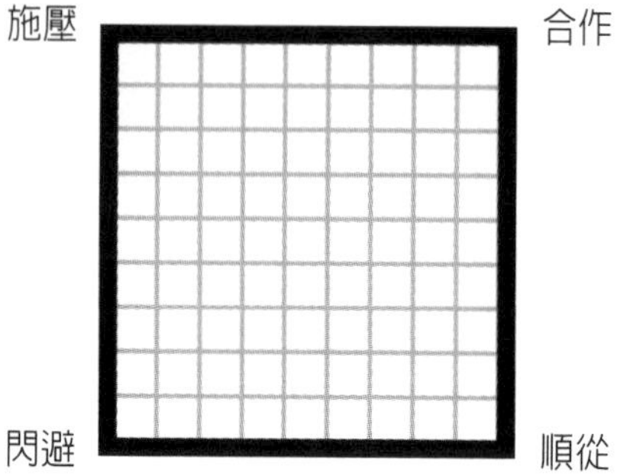

你可以在四種基本的策略方向之間做選擇。

術。你藉此將那項要求推遲到一個較晚的時間點，屆時你可能比較容易應付它。

策略三：順從

當你順從，就會顯露合作的意願。在這當中，你至少得放棄部分的目標。這項策略在用來表示讓步之意非常有用。談判夥伴可以把這樣的信號視爲讓步，在和你的對抗中與你拉近一點距離。不過，談判夥伴也有可能將這樣的信號，理解成施予更多壓力的邀請。

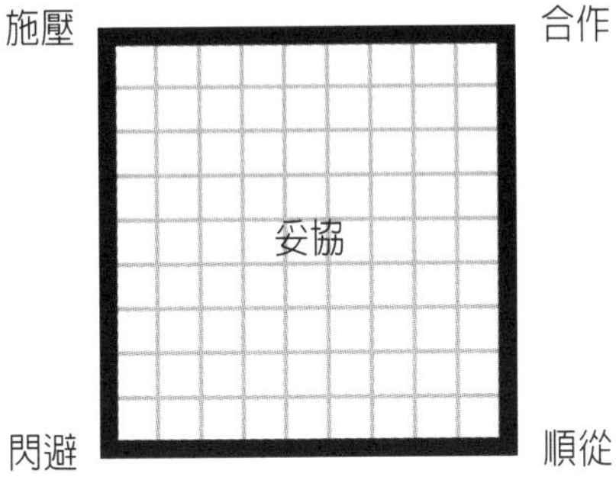

在妥協下，你脫離了堅定不移地實現某個基本的策略方向，藉以促成一個差強人意的協議。

策略四：合作

這項策略讓談判雙方都成爲贏家。雙方的動機都獲得了考量。這當然得以你明確看出談判夥伴的動機爲前提。

另一項前提則是，雙方都有合作意願，而且存在著必要的信任。如果你不信任談判夥伴，就無法採取這種策略。

策略五：妥協

在妥協中，你有點合作，卻又不是完全合作。這時，你的目標就是促成一個差強人意的協議。談判雙方交會於「中間點」，沒有任何一方眞正感到滿意，不過雙方都能接受這樣的協議。最大的好處就是，無論如何還是達成了一個協議；儘管不是最好的。

你該採取怎樣的策略？

你可以根據以下的要點為自己選擇合適的策略：

↓達成協議對你有多重要？

↓權力如何分配？

↓雙方存在哪些共同利益？

↓你和談判夥伴有著怎樣的私人關係？

↓在談判之後，你和談判夥伴該維持怎樣的關係？

你是否想要在談判之後繼續與談判夥伴保持良好的關係？如果答案是肯定的話，那麼你的策略就必須是朝合作或至少是朝妥協的方向前進。如果你在談判之後再也不想與對方有任何瓜葛，那麼你可以向對方施壓；只不過，你還是得要記住，採取強硬的策略有可能在談判夥伴身上激起強硬的態度。

→在談判之後，你希望與談判夥伴有著怎樣的關係？

如今你已經知道不同策略所具有的意義。現在的問題就是，你該在自己面臨的談判中採取什麼樣的策略？專業的談判高手不僅能夠駕馭前述所有的策略，還可以令人信服地實現它們。他們可以用強勢的語氣提出要求、可以閃避、可以在部分的決定上讓步、可以促成充滿信任的合作、可以達成某種妥協。請你思考一下，在這些策略中，哪種策略與你的個性最合。

→採取怎樣的談判策略會讓你感到自在？

● **請你在準備階段先想清楚以下問題：**

→達成協議對你來說有多重要？

→一個令人滿意的協議會有哪些後果？

→協議不成又會有哪些後果？

→彼此之間存在哪些共同利益？

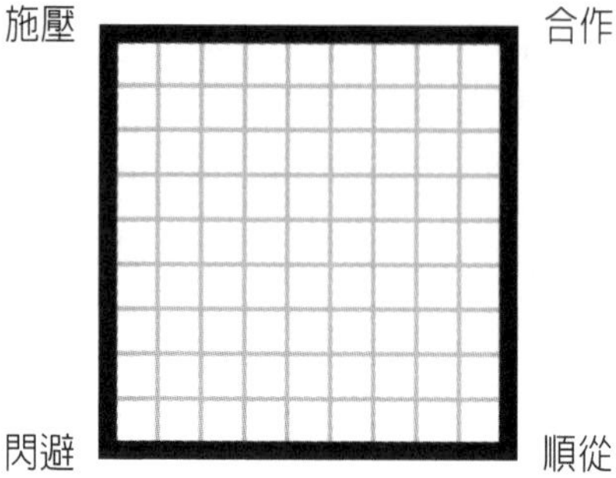

請你把自己目前的傾向標記在這個圖表中。至今為止，你比較偏向強勢或弱勢、比較偏向合作或不合作？在標出自己的傾向落點後，也標出你的談判目標。當你將兩個點相連，就能得出適合你的談判策略。請你也針對談判夥伴的傾向和目標做標記。那兩點的連結就代表談判夥伴的策略。

雙方在談判的哪些點上存在共同利益？你所分析的利益愈多，就能讓談判愈容易進行。

↓你和談判夥伴有著怎樣的私人關係？

你信任談判夥伴嗎？如果答案是否定的話，那麼雙方就不太可能合作。你是否享有談判夥伴的信任？如果答案是否定的話，那麼你就該採取一些能夠建立信任的舉措。

掌控時間

↓對於你面臨的談判，需要怎樣的時間框架？

→對於談判的時間方面做出某種限制，是否有利於你？
→如果答案是肯定的話，你如何為這項限制說明理由？

●由你決定何時延期較有利

如果你認為改到一個比較晚的時間，會有比較好的談判籌碼，那麼這項戰術對你很有幫助。

→談判的延期是否有益？
→如果答案是肯定的話，你如何為某個延期說明理由？

我的談判祕訣

- 請你從一開始就要防範談判夥伴在時間上所設的框架。
- 請你藉由技巧性地據理規定一項主題要談多久、時間如何分配對你比較有利、何時延期對你比較有利，在時間上掌握主導權。

法則3　藉助正確的論述說服對方

先讓談判夥伴暢所欲言

請你善用談判夥伴在展開談判時會高漲的緊張情緒以及會有的壓力，讓談判夥伴先陳述自己的立場。

請你緊接著總結對方的論述，並且請求對方覆核正確性。你不妨在提出總結前先表示：「爲了確保我正確理解了你的陳述，我做了整理。對你而言，重要的是……」在對方確認沒錯後，你就能開始陳述自己的立場。

談論對談判夥伴有好處的事

你的目的在於與談判夥伴共同達成一個令雙方都滿意的協議。唯有當談判夥伴能在協議中看到對於他個人或所屬企業的好處，這樣的協議才有可能達成。請你別讓對方花很多時間苦苦尋找有益於他的好處，你應該明白地與對方溝通，爲何某個解答有益於他。在這當中，請你明白區分「優點」與「好處」。「優點」是普遍適用，「好處」則是屬於個人。

↓你能夠爲談判夥伴提供什麼屬於個人的好處？

針對一個目標區而非目標點談判

當你在表述立場時已將有益於談判夥伴的好處點出後，切勿陷入極化立場的危險。當兩個談判立場似乎處於無法彌合的對立時，就會出現極化的問題。

↓你具有怎樣的利益？

↓談判夥伴具有怎樣的利益？

請你別再執著於對立的立場，應該聚焦於共同點。

請你先提出最強的論述，再提出次強的論述。

盡可能少提出論述

論述唯一的作用就是說服談判夥伴；它不是用來消遣的。

先提出最強而有力的論述

→我打算在談判中提出的論述是：＿＿＿＿＿＿

你究竟需要多少的論述，這個問題當然取決於談判的複雜性。不過，在大多數的談判裡，三個論述就已經足夠。三個擲地有聲的論述強過十個東拉西扯的雜談。

請你從中選出最重要的三項，再根據以下方式排序：

1. 最重要的論述

2. 最不重要的論述
3. 次重要的論述

首先提出的論述必須是最強的論述，憑藉這項論述，你可以爲接下來的談判一錘定音。這時人們的專注程度是最高的，談判夥伴會用全副心思聆聽你所說的事情，你可以憑藉這項論述爲接下來的談判進行定調。

說談判夥伴所說的語言

在困難的談判中，絕大多數的人都會感到不安。然而，我們無論如何都不希望顯露不安。我們寧可壓抑它，或是退避到能力範圍中。以專業人士的面貌出現、使用專業術語或行話、引述專業圈裡的意見，這些舉動最能讓我們展現能力。

請你避免這樣的危險，改以讓人聽得懂的方式表達。請你避免使用簡稱、外語和專業術語。

如果你能說談判夥伴聽得懂的話，對方比較容易被你說服。所以請用對方聽得懂的方式表達。

利用充滿感情的言語說服

你在分析的過程中會了解談判夥伴有怎樣的動機。你應該對此做出反應，並以充滿感情的方式描繪它們。

引用談判夥伴的論述

請你引用並深化談判夥伴的論述。如此一來，你會讓對方感覺到你確實在傾聽，確實對他的論述感興趣。請你將雙方的論述結合成一個共同的解答。藉由技巧性地結合，你可以操控論述的重要性，將它們引往有利於你的方向。

聚焦於談判夥伴最弱的論述

笨拙的談判者會對你提出一大堆論述。除了好的論述以外，他們連一些不重要的論述也統統搬上檯面。你可以輕易地讓一項薄弱的論述栽跟頭；不過，請你稍安勿躁。請你盡全力凸顯這項糟糕論述的重要性。一旦大家都同意那項論述確實特別重要，你就該出手反駁它。這招厲害的地方，在於對方原本很好的論述會在突然間被丟到桌子底下，再也不會被人拿上檯面來談判。這種方法在歷時數週的談判裡往往行不通；不過，在一次性會面的談判裡，能夠發揮很好的效果。

凸顯論述的重要性而非正確性

請告訴談判夥伴，爲何你的論述之一對於達成一個令人滿意的協議如此重要。請你別闡釋爲何那項論述是對的，還有爲何你是對的。請勿老王賣瓜地評價自己的論述是「正確的」、「公平的」、「有益達成目標的」；因爲相形之下談判夥伴的論述就會顯得是「錯誤的」、「不公平的」、「妨礙達成目標的」。

只說你想說的

請你在談判前先考慮好自己想說什麼。之後也只說你想說的。

如果你沒有什麼該說的，就什麼都別說。

法則4　在談判中取得主導權

認識壓力並善用它們

↓你能從哪裡察覺自己處於壓力之下呢？

在談判中，每個人因應壓力的方式各有不同。諸如注意力不集中、緊張、心跳加速、手心冒汗等反應，都是典型的徵狀。

登上看台

請你跳脫自己現正身處的情況，別繼續在裡頭瞎攪和！

請你起身並走幾步。請你向談判夥伴表示想暫停；你不妨提議過幾分鐘之後再回來繼續談。請你去拿點飲料或額外的工作文件。在這種情況下，重要的是：稍微動一動！

避開本能陷阱

如果你遇到一位非常不老實的談判夥伴，那麼他可能會挖個「本能陷阱」讓你跳。這時你或許不再能冷靜地思考、理性地判斷。在這種情況下，能夠引導你的就只剩下本能，你要不就是選擇逃避，要不就是選擇攻擊。

當你遭到攻擊時，不要做出反應

當談判夥伴對你發動攻擊，你也會反擊回去。藉由發動攻勢，談判夥伴迫使你做出一種由本能引導的反應。你會變成一部「自動反應機」。因此，請勿在一個壓力狀況下做決定。

別在談判夥伴的舉動下工夫，要在自己的反應下工夫

登上看台是打破壓力惡性循環的關鍵步驟。在心理學中，「看台」被說成是「元層級」。在元層級上，你可以冷靜地從上方觀察整個情況。請你在思想上把自己轉化成一個客觀的評論者，「站在制高點上」評估整個情況。請你分析一下至今為止的作法，你仔細觀察在談判的哪些地方發展不利或有利於你。

↓談判在哪些地方出現了不利於我的發展？

↓談判在哪些地方出現了有利於我的發展？

當然，特別重要的是，為何談判出現了不利於你的發展？為何談判夥伴在這時取得優勢？

把問題丟給對方

請你陳述雙方共同面臨的問題，並且把問題丟給對方。你可以表示：「我們都想達成一個協議。可是，在這樣的價格落差下，恐怕不太可能。接下來我們該怎麼辦呢？」

法則5　展現你的權力

令人滿意且持久的協議，只會存在於彼此處於平等狀態的談判夥伴之間。如果你和談判夥伴不是站在同一位階，你將無法成功。因此，請思考一下你是站在與對方同樣的位階嗎？或是高於對方的位階？還是低於對方的位階？

↓請你用圖像描繪出你和談判夥伴所處的位階。

相較於在自己身上，你會在談判夥伴身上更明顯且更強烈地感受到權力。因此你多半都會低估自己的權力，高估談判夥伴的權力。

對你而言，重要的是認清自己的權力。如果不相信自己所擁有的權力，就不會相應地有所作爲，從而你會顯得「軟弱無力」，處在設想得到的最糟談判地位。

↓在哪些談判議題上你擁有權力？

展現你的權力

↓如何展現你的權力？
↓你能夠做些什麼，好讓權力關係變得平衡？
↓你會確實做些什麼，好讓權力關係變得平衡？
↓爲何你會做這些？
↓談判夥伴能夠做些什麼，好讓權力關係保持平衡？

請你設法別讓談判破局

在準備過程中，你應該抱持著具有建設性的心態回答前述問題。請你別去想萬一談判破局該怎麼辦。請你想想，該做些什麼好讓談判不致破局。

與令人討厭的人談判

某場談判對你來說之所以困難，是不是因爲你遇到的是令人討厭的談判夥伴？

↓爲何你覺得這個人令人討厭？

↓爲何你覺得這個人不好應付？

與不理性的人談判

↓你基於什麼理由把某位談判夥伴評價爲不理性？

你所做的一切評價，都是根據「自己的」標準在進行。因此，「不理性」的意思，其實是你根據自己的主觀標準評價爲不理性的事。當你表示某人不理性，那只是你獨自對於某人所下的論斷——根據你自己的主觀標準。

與驕傲自大的人談判

↓你基於什麼理由把某位談判夥伴評價為驕傲自大？

驕傲自大可以是一種過分的自我評價，也可以是一種基於過低的自我價值感的保護機制。在這兩種情況下，你都很難「親近」對方；驕傲自大如同一個看不見的盾牌阻擋了你。在談判過程中，你可以藉由一再強調與肯定對方的成就，滿足對方對於獲得肯定與讚美的渴望。

每個驕傲自大者的行為方式都不盡相同，沒有一體適用的作法。不過，誠實地肯定對方的成就，倒是一個隨時都能運用的戰術。

與團體談判

↓你在團體裡扮演什麼樣的角色？

↓α（領導者）、β（專家）、γ（跟隨者）、δ（代罪者）？

↓談判夥伴在團體裡扮演什麼樣的角色？

↓α（領導者）、β（專家）、γ（跟隨者）、δ（代罪者）？

與藥物依賴者談判

↓你曾與哪些藥物依賴者談判過？

法則6　破除所有抗拒

現在，談判進入關鍵階段。你已經：

- 分析了動機
- 採取了策略與戰術
- 有效地做了論述
- 隨時出招，而且不對對方的出招回以本能反應。
- 明白地展現自己的權力

如果談判夥伴在這時簽署了一項令雙方都滿意的協議，那麼你已經達到目標。恭喜你！

然而，也許談判夥伴還認爲自己能夠片面取勝。他一直想把你逼成輸家，讓自己在這場談判中成爲唯一的贏家。他拒絕一項令人滿意的協議。你必須破除這樣的抗拒，使他再度讓步。

對方的抗拒愈強，你就必須愈堅定地讓他看出你不會放棄。這不代表你必須向對方的行爲做出反應，從而迷失自己的目標。你應該始終本於自己立下的目標，在過程中明白地讓對方看出你不是輸家。

警告你的談判夥伴

如果談判夥伴還看不清自己在某個談判議題上的極限，你就必須非常明白地爲對方指出這一點。並非藉由「威脅」，而是藉由「警告」。

乍看之下，威脅和警告似乎沒有什麼區別，畢竟，在這兩種情況裡你都在指出談判破局的負面後果。然而，兩者之間存在一項重要差異：

- **警告**是客觀的、帶有敬意的
- **威脅**是主觀的、具有敵意的

→你能夠發出怎樣的警告？

警告的目的在於讓談判夥伴明白你所劃定的界限。你要做的就是清楚定義這些界限，並與對方溝通。你必須讓談判夥伴知道，劃定這些界限是有道理的，而且維持這些界限對你來說極爲重要。你不能讓談判夥伴懷疑警告的嚴肅性。

→你對談判夥伴劃下了哪些界限？

絕對不要把談判夥伴逼到死角

每當你把某人逼到死角，對方就只剩一條路可走；但你又橫阻在他面前。這時他會竭盡全力與你拚搏，給你一點顏色瞧瞧。

讓你的警告影響談判夥伴的情緒

事實上，警告比動用你的權力手段更有效率。理由在於：警告會在談判夥伴的思緒中「發酵」。

或許談判夥伴還不知道談判破局的後果。請你向對方提出一些問題，讓對方不得不去想一想，萬一你不願達成協議，可能會發生什麼事。你不必爲對方把後果描繪成種種嚇人的情節，只需要讓對方自己勾勒那些後果。如前所述，人們更能接受自己所構思出來的東西。請你用現實狀況給對方上一課。

你認為我將會採取什麼行動？

如果你認爲談判夥伴低估了你的實力，不妨問問對方：「你認爲如果我們無法取得共識，我將會採取什麼行動？」在這裡，重要的是你必須強調對於獲致一個共同解答的期望。

根據你的建議，我該做什麼？

這個問題與上一個問題都指往同一個方向。你認可了談判夥伴的立場，因爲你徵詢他的建議。你信任對方的專業技能與知識。

不要贏過對方，應該贏得對方的合作

當你對談判夥伴發出一個威脅，就會把談判夥伴變成敵人。他的行動在對抗你，而你的行動則在對抗他。

展現你的堅決

如果你的警告被無視

如果你的警告遭到對方無視，該怎麼辦呢？可能談判夥伴根本就不相信你的警告，因此你必須讓對方清楚看見警告的可信性。這樣的展現可以在沒有實際行動下，讓對方看到你有什麼打算。

↓你如何鮮明地讓對方看見你的警告？

落實你的警告

你必須讓談判夥伴明顯看出自己無法片面取勝，回歸談判才會對他眞正有利。目的始終都是達成一個令雙方滿意的協議。因此，你採取某些手段時，應該只以達成你的目的為限，而不是為了取勝。

讓談判夥伴有轉彎的機會

當談判夥伴理解你的堅決時，如果你能為對方造一座「金橋」，將更彰顯你的專業性。這時你賦予對方讓步的機會。

如果談判夥伴不上橋

假設你為談判夥伴提供了一座橋，他卻不肯利用這座橋。你該怎麼辦？這時你必須採取自己預告過的種種行動。如果你在這時退縮，就會顏面盡失，受人訕笑。

如果談判夥伴上橋

如果談判夥伴衡量了上橋的利弊得失，最後得出對他而言利多於弊的結論，他會寧可上橋。因此，上橋的益處應該如同大型廣告看板那般清晰可見地懸掛在橋的另一頭。請你告訴談判夥伴，在上橋後能夠獲得的利益。請你肯定對方明智決定的正確性，在後續的步驟中幫助對方。

絕對不要露出勝利者的微笑

這時絕對不要露出任何傲慢的勝利者微笑。高興可以，但必須是針對達成共識。你不能有勝利者擊潰敵人的感覺。如果你還是覺得自己是勝利者，請盡力自我克制。如果一個人在此時顯露傲慢，就會為下回的衝突埋下種子。

法則7　設法維持協議

在簽名之後：能夠信任很好，能夠掌控會更好

請你在協議中詳細確定什麼人必須做些什麼事，萬一這項協議未被遵守，又會有什麼後果。

→根據協議，談判夥伴必須履行什麼？

契約的履行

如果一項協議不被落實，它們就只是被寫在紙上的一些沒有價值的文字。因此，請你在草擬協議時就要立好以下的基石：

● 將協議擬成你無須做任何預先給付。直到談判夥伴證明他也遵守了協議內容，你才提出給付。請你不要相信空口白話，應該相信實際行動。

● 讓談判夥伴以實際行動來說服你，不要被誓言所蒙蔽或欺騙。當你確定（不是當你相信）你的給付會獲得相對給付，就可以實現協議的內容。請你在契約中放入談判夥伴應該支付的訂金。

在簽約時，請讓談判夥伴看起來像個勝利者。請讚揚對方進行了一場你著實不易招架的談判，給予對方「確實是個不好應付的對手」之類的回饋。對方的專業性著實令你留下深刻的印象。

請你「隆重地」安排文件的簽署儀式；當然是要在一個相符的框架中。請你讓談判夥伴先行，藉此來表現敬意。請你準備一支鋼筆，不要用原子筆。所有這些「細節」會讓人留下深刻的印象。一頓慶祝大功告成的餐會也是理所當然的。

請你肯定談判夥伴的決策正確性。

↓你能給予對方什麼證明，用以說服他？

↓你能給予對方什麼證明，用以說服他周遭的人？

註釋

1. Roger Fischer, William Ury, Bruce M. Patton, *Das Harvard-Konzept. Sachgerecht verhandeln*, erfolgreich verhandeln, Frankfurt/Main 2000。
2. Abraham H. Maslow, *Motivation und Persönlichkeit*, New York 1954。馬斯洛不是動機理論的最新代表。不過，他的金字塔模型十分容易理解，也足以供動機研究之用。
3. Raymond Saner, *Verhandlungstechnik*, Bern 1997。
4. Friedemann Schulz von Thun, *Miteinander Reden 1 und 2, Allgemeine Psychologie der Kommunikation*, Hamburg 1981。
5. P. R. Hofstätter, *Gruppendynamik, Die Kritik der Massenpsychologie*, Reinbek 1957。

參考文獻

Robert Cialdini, *Die Psychologie des Überzeugens*, Toronto 1997

Jeffery Deaver, *Schule des Schweigens*, New York 1995

A. Edmüller, *Manipulationstechniken*, Planegg 1999

Brian Finch, *30 Minuten für professionelles Verhandeln*, London 1998

Roger Fisher, *Arbeitsbuch Verhandeln*, New York 1995

Fisher/Ury, *Das Harvard-Konzept*, Boston 1981

Franz Janka, *Verhandlungsstrategien*, Niedernhausen 2000

Ralph Jeske, *Erfolgreich verhandeln*, München 1998

Günter Krauthan, *Psychologisches Wissen für Polizeibeamte*, München 1990

Rupert Lay, *Dialektik für Manager*, München 1974

Georg Macioszek, *Chruschtschows dritter Schuh*, Hamburg 1995

Abraham Maslow, *Motivation und Persönlichkeit*, New York 1954

Mark McCormack, *Die Schule des Verhandelns*, Frankfurt 1997

Alfred Mohler, *Die 100 Gesetze überzeugender Rhetorik*, München 1984

Leo Reilly, *How to outnegotiate anyone*, New York 1994

Raymond Saner, *Verhandlungstechnik*, Bern 1997

Beat Schaller, *Die Macht der Psyche*, München 1999

Friedemann Schulz von Thun, *Miteinander Reden 1 + 2*, Hamburg 1981

Christian Sickel, *Ohne Nutzen kein Verkauf*, Wiesbaden 1999

Douglas Stone, *Difficult Conversations*, New York 1999

Hansjörg Trum, *Psychologie für Polizeibeamte*, Stuttgart 1987

William L. Ury, *Schwierige Verhandlungen*, New York 1991

Zimbardo, *Psychologie*, New York 1988

困境談判攻心術——
極限談判專家教你訣竅，再頭痛的僵局也會有令雙方滿意的協議

作　　者——馬提亞斯・史漢納
（Matthias Schranner）
譯　　者——王榮輝
特約編輯——洪禎璐

發 行 人——蘇拾平
總 編 輯——蘇拾平
編 輯 部——王曉瑩、曾志傑
行 銷 部——黃羿潔
業 務 部——王綬晨、邱紹溢、劉文雅

出 版 社——本事出版
發　　行——大雁出版基地
地址：新北市新店區北新路三段207-3號5樓
電話：(02)8913-1005
傳眞：(02)8913-1056
E-mail：andbooks@andbooks.com.tw
劃撥帳號——19983379　戶名：大雁文化事業股份有限公司
美術設計——POULENC
內頁排版——陳瑜安工作室
印　　刷——上晴彩色印刷製版有限公司
2020 年 1 月 初版
2024 年 1 月 二版1刷
定價　480元

ISBN 978-626-7074-72-5

國家圖書館出版品預行編目資料
困境談判攻心術——極限談判專家教你訣竅，再頭痛的僵局也會有令雙方滿意的協議
馬提亞斯・史漢納（Matthias Schranner）／著　王榮輝／譯
譯自：Verhandeln im Grenzbereich : Strategien und Taktiken für schwierige Fälle
---.二版.— 新北市；
本事出版　：大雁文化發行，　2024 年 1 月
面　；　公分.－
ISBN 978-626-7074-72-5 (平裝)
1.CST:談判　2.CST:談判策略
177.4　　112017975